哲学研究

第六百五号

西田幾多郎と鈴木大拙――生誕一五〇年を記念して

藤田正勝

一　二人のひととなり

鈴木大拙と西田幾多郎、この二人の思想家が非常に親しい関係にあったことは広く知られている。二人は一八七〇年に石川県に（まだ加賀（金沢）藩が廃され金沢（石川）県が置かれる前であったが）生まれた。二人が出会ったのは、石川県専門学校（途中から第四高等中学校と改称）においてであった。しかし、大拙は経済的な理由で早くに退学し、西田も学校の武断的な教育方針にあわず、中途退学をしている。そのためにいったん別の道を歩んだが、二人は生涯にわたって親交を保ち続けた。

大拙には『禅と日本文化』（岩波新書、一九四〇年）と題した、現在も読み継がれている著作があるが、それが出版されたとき西田は、乞われてその「序」を執筆している。この「序」を西田は「大拙君は私の中学時代からの親しい友の一人である。七十の老翁尚当時の事を思ひ浮べることができる」という言葉で始めている。一方大拙はその五年後、西田が亡くなったときに、その訃報に接して、声を挙げて泣き、敷台に顔を伏せたまま長い間立ち上がらなかった、と言われている。その後刊行された雑誌『思想』の「西田博士追悼号」に大拙は「西田の思ひ出」という文章を寄せているが、そこで「年をとつて友人に別れることはつらいものだ。老木の枯れて行くやうに、彼の枝が枯れ、此の枝が枯れて、中心の本幹はまたいつの間にか倒れるのである」というように、年来の友との別れについて書き記している。

この二人の友人がお互いをどのような人間として見ていたかということを——もちろん、それ自体は外面的なことで、思想には直接関わらないかもしれないが——まずそのことを見ておきたい。

先ほど西田が大拙の『禅と日本文化』という本に序文を書いていると言ったが、もう一つ、一九四二年（昭和一七年）に出版された『文化と宗教』にも西田は序文を書いている。そのなかで大拙という人について次のように記している。「大拙君は高い山が雲の上へ頭を出して居る様な人である。そしてそこから世間を眺めて居る、否、自分自身をも眺めて居るのである。全く何もない所から、物事を見て居る様な人である。その云ふ所が、時に奇抜な様に聞えることがあつても、それは君の自然から流れ出るのである。君には何等の作為と云ふものはない」（一九・三[1]）。

大拙は多くの講演を行い、それがテープなどの形で残されているが、それを聞くと、自分と聞き手とのあいだに垣根を作らない、じかに語りかけてくるような話しぶりで、聞くものの誰にも「親しみ」というものを感じさせる人柄であったように思われる。それに対して西田はむしろ、普通の人が抱く囚われや執着からまったく解き放たれた人であったという点に注目して、「高い山が雲の上へ頭を出して居る様な人である」と表現したのではないかと思う。しかしその高さは孤高峻厳という類のものではなく、「作為のなさ」の故にむしろすぐに「親しさ」に転化するような高さであったように思われる。

他方、大拙の方は『文化と宗教』の戦後に出された版の中に収めた「わが友西田幾多郎」という文章（一九四六年執筆）のなかで、西田の人となりについて、「彼を一言で評すると「誠実」でつきる。彼には詐りとか飾りとかいふものは不思議になかつた。自分等は人前へ出ると何かにつけ本来の自己の上に何かを付け加へたがるものである。が、西田君はどこへ出しても同じ人間であつた」（一九・二九二）と述べている。

二人がともに「作為のなさ」、あるいは「誠実さ」という点を相手の特徴として見ている点が興味深い。もちろん外から見ると二人の人柄は大きく違っていた。たとえば西田のもとで学んだ西谷啓治は、大拙の方に「飄々とした風姿」を認め、他方西田の方に「秋霜烈日の気象」を認めている。秋霜烈日というのは、文字通りには、秋の寒い日の霜と激しく暑い夏の日差しのことであり、非常に激しいものを西谷は西田のなかに認めていたのだと思う。しかし、このように違ったものをもちながら、二人は、おそらくそのままでそれぞれに「飾りのなさ」、「作為のなさ」というものをもっていたのであろうと思われる。

大拙は、第四高等中学校を中退した後、高等小学校で英語などを教えたが、一八九一（明治二四）年、二〇歳のときに上京し、東京専門学校に席を置くとともに、鎌倉円覚寺の今北洪川のもとで禅の修行を始めた。翌年、洪川が遷化してのちは、そのあとを引き継いだ釈宗演について参禅した。釈宗演は、シカゴで開催された万国宗教会議で知りあったアメリカの東洋学者であったポール・ケーラスから、彼が関係していたイリノイ州のオープン・コート社で雑誌の編集などを担当する人物の派遣に関する依頼を受けたとき、その英語の力を買って大拙を推薦した（大拙は釈宗演の万国宗教会議での発表原稿を英訳していた）。大拙は宗演の勧めに従って一八九七（明治三〇）年にアメリカに渡り、一〇年あまり滞在した。その間に『大乗起信論』などの英訳を行い、一九〇七年には英語で『大乗仏教概論』（Outlines of Mahayana Buddhism, London, Luzac and Company）を出版している。一九〇九年に帰国、最初学習院で一〇年間、その後、一九二一（大正一〇）年からは西田幾多郎や佐々木月樵らの勧めに従って大谷大学で教鞭を執った。そのあいだに膨大な禅思想に関する、また禅思想史に関する著作を著した。

一方、西田は東京大学を卒業後（正規の課程ではなく、選科の卒業生）、一年間、中学校の教員を務めたあと、一八九六年に金沢の第四高等学校の講師となった。その頃から禅に対して強い関心を示すようになった。第四高等学校に移る直前に友人の山本良吉に宛てて次のように書き記している。「小生は今にして family life を後悔いたし居り候……金沢へ行けは雪門禅師に参して妙話をきかんと思ふなり」（一九・四二）。一年後、西田は突然この四高講師の職を解かれたが、幸いそのあと山口高校で教鞭を執ることができた。この金沢・山口時代に西田はもっとも熱心に参禅をした。家庭や仕事の問題がその背景にあったと考えられる。一八九九（明治三二）年に四高の教授として再び金沢に戻ったが、その折りに山本良吉に宛てて「ヨシ幾年無益に星霜を送るともこの事たけは遂け度念願に御座候」（一九・五二）と書き送っている。参禅へと強く突き動かすものがあったのであろう。その熱心な修行が認められてのことであったと考えられるが、一九〇一年には禅の師であった雪門玄松から「寸心」という居士号を与えられている。西田と大拙とは別々の道を歩んだが、共通していたのは禅への強い思いであった。それが二人の思想の根底に流れている。

二　西田と大拙の書簡交換

いま述べたように、大拙は一〇年あまりアメリカに滞在したが、そのあいだに西田とのあいだで何度か手紙のやりとりをしている。そのうちの重要なものをここで紹介したい。一つは一九〇一（明治三四）年の手紙である。そこで大拙は次のように記している。「予は近頃「衆生無辺誓願度」の旨を少しく味ひ得るやうに思ふ、大乗仏教が此一句を四誓願の劈頭にかゝげたるは、直に人類生存の究竟目的を示す、げに無辺の衆生の救ふべきなくば、此の一生何の半文銭にか値ひすとせん、……真誠の安心は衆生誓願度に安心するに在り、之をはなれて外に個人の安心なるものあることなし、もしありとせば其安心は我執の窠窟に逃げ込みて黒闇々の処に死坐せる安心なり、功名に奔走するの徒と何ぞ択ばん……君は余りこんなことに心配せられざるかも知れざれど、余は始めて四句〔弘〕の願を聞きしとき、「煩悩無尽誓願断」が第一に来て其次に「衆生――」がくるのが当然かと思ひなりき、今にして之を考ふれば予は大に誤れり、「衆生無辺誓願度」のために「煩悩無尽誓願断」なり、もし第一願なくんば煩悩何がために断ずる必要あらん、否、煩悩を断じ得る最要件は実に度衆生の願に在り」。(2)

「衆生無辺誓願度」は、ここで言われているように、菩薩が修行に入る前に立てる四つの誓いである「四弘誓願」の最初に来るものである。大拙は近年になってはじめてこの「四弘誓願」の本来の趣旨に、つまり、自分自身の煩悩を断つという誓いの前に、衆生救済の願が置かれている意味が分かったというのである。衆生の救済を願うからこそ、煩悩を断つことに意味があるということに気づいたというのである。この文章は、大拙が禅というものをどのように理解していたかということを理解する上できわめて重要な文章であると言うことができる。のちに『金剛経の禅』を刊行した折りに大拙はその第六章「禅概観」で「四弘誓願」という節を設け、禅者が往々にして「大慈大悲を忘れる」ことを厳しく批判している。

大拙の真剣な思いは、西田に強く響いた。それに対する西田の感想は、翌月の「日記」に記されている。引用すると、「大拙居士より手紙来る。衆生誓願度をもって安心となすとの語胸裡之高潔偉大可羨可羨。余の如きは日々に私欲之為め此の心身を労す。慚愧々々。余は道を思ふの志薄くして少〔小〕故之為め又は些々の肉欲の為め道を忘ること日々幾回なるを知らす」(一七・五八)。

当時西田はもっとも熱心に禅に打ち込んでいた。彼がいかに禅と取り組んでいたかを示す資料を紹介したい。ちょうどこの大拙の手紙が到着する直前の日記に次のようにある。「参禅之要は実地の辛苦にあり。人往々禅を以て他に資せんと欲す大なる誤なり。参禅之眼目は生死解脱にありこの外他事あるなし」(一七・五三)。また一九〇三(明治三六)年の七月から八月にかけて西田は京都大徳寺の広州宗澤禅師のもとで修行に励んでいたが、その折の日記には次のように記されている。「余は禅を学の為になすは誤なり。余か心の為生命の為になすへし。見性までは宗教や哲学の事を考へす」（一七・一二六）。このように西田は懸命に禅に取り組んでいたが、それは、「参禅之眼目は生死解脱にあり」という言葉が示すように、どこまでも自己自身の解脱を目ざしてのことであった。そうした考えをもっていた西田にとって、大拙の言葉は大きな衝撃をもって受けとられたと推測される。

さて、もう一点、西田と大拙の手紙のやりとりのなかで注目したいのは、大拙がpure experienceという概念を使ったことで知られるウィリアム・ジェームズの仕事を紹介した点である。まず一九〇二年九月の書簡で大拙はウィリアム・ジェームズのThe Varieties of Religious Experienceを読んで深い感銘を受けたことを報告し、この書を読むことを西田に勧めている。この書を受け取った西田は、翌月の返書のなかで次のように記している。「御申越のゼームス教授のThe Varieties of Religious Experienceとか申す書物余程面白きものの由、小生もどうか一読したき者に御座候」（一九・六二一―六二二）。

当時西田は四高で倫理学を教えていた――倫理学だけではなく、論理学や心理学、またドイツ語や英語も教えていたが、倫理学がその主要な担当科目であった――。そのために多くの倫理学書を読んでいたが、そのどれも西田を満足させるものではなかったようで、この大拙宛の手紙のなかで、西田は先の箇所に続けて次のように書いている。「余は昨年より学校に於て倫理の講義をなし居り候。自救う事の漢〔難〕にして人に向つて道を説く。君乞う盲者が盲者を導くを笑ひ玉ふこと勿れ。これも余か職務上已むを得さる所、恥を忍んでこの事をなすのみ。それに就て考ふるに今の西洋の倫理学といふ者は全く知識的研究にして、議論は精密であるか人心の深きsoul-experienceに着目する者一もあるなし。全く自己の脚根下を忘却し去る。パンや水の成分を分析し説明したるも〔の〕あれともパンや水を〔の〕味をとく者なし」（一九・六二二）。

この比喩をそのまま借りて言えば、倫理学は（あるいは哲学は）パンや水の成分を分析する学問ではなく、その味を自ら確かめ、よりよい味を自ら追い求める学問であるという確信を西田はもっていたと言えるであろう。

一九〇二年九月の大拙の書簡でもう一点注目されるのは、そこで大拙が、ジェームズのThe Varieties of Religious Experienceを読んで動かされたことを記すとともに、自らの鎌倉での経験について語っている点である。そこで大拙は、ある日の夜、坐禅を終えて木立のなかを庵に帰ろうとしたとき、「忽然として自らをわする」という経験をしたことを記している。そしてその様子を次のように描き出している。「樹と吾との間に何の区別もなく、樹是吾れ、吾れ是れ樹、本来の面目、歴然たる思ありき、やがて庵に帰りて後も胸中釈然として少しも凝滞なく、何となく歓喜の情に充つ」[3]。これは大拙の禅経験を知る上でたいへん興味深い記述であるが、それとともに西田との関わりでも注目される。『善の研究』において西田は「純粋経験」をたとえば「我々が物を知るといふことは、自己が物と一致するといふにすぎない。花を見た時は即ち自己が花となつて居るのである」(一・七六)といった言葉で説明している。先の大拙の記述ときわめて近いものになっていることが注目される。

西田の返信のなかで言われている soul-experience に着目した書物への渇望というものが西田のなかにあったことは、この手紙のなかで「倫理の事実的研究」が必要であること、そしてヘーゲルの「Intellectを主とする説」よりもショーペンハウアーの「reine Anschauung〔純粋直観〕の説」の方が「遥に趣味あり且つdeepなり」(一九・六三)と言われていることからも分かる。おそらくこの記述を踏まえてのことであったのではないかと想像されるが、大拙はのちにさらにジェームズの「純粋経験の世界」(A World of Pure Experience)という論文を西田に送っている。

弟子の高坂正顕は『西田幾多郎先生の生涯と思想』のなかで、西田から直接次のように聞いたと記している。「アメリカにゐた大拙から、ジェイムスの署名のあるA World of Pure Experienceの抜刷を送つて貰つたことがある。それはまだどこかに仕舞つてある筈だ」[4]。それがいつのことであったのかははっきりしない。ジェームズのこの論文が発表されたのは一九〇四年であり、翌年七月の西田の日記に「ゼームス氏が哲学研究に転じたりときく。この人哲学を研究せば定めし面白からんと信ず」という記事があるので、おそらくそれ以後のことであろう。一九〇七年七月の大拙宛書簡には、「近来W. James氏などのPure Experienceの説は余程面白いと思ふ、氏はMetaphysicsをかくといふがまだ出来上らぬか」（一九・一〇七）という記述がある。

西田が『善の研究』の第一編にあたる「純粋経験と思惟及意思」を『北辰会雑誌』に、続いて『哲学雑誌』に発表したのは一九〇八年であった。この部分を書き上げる上で、このジェームズの「純粋経験」論が一つの手がかりになったことは十分に考えられる。(5) 大拙との交流がそれに一役買ったのである。

三　大拙の禅理解の変化と西田の哲学

いま見た書簡からも見て取れるように、西田は大拙から紹介され、ジェームズの哲学に強い関心を寄せていったのであるが、両者が相互に与えあった影響というのは、そういう外面的な事柄にとどまらない。学問の内容に深く関わるところでも二人は影響を与えあった。まず西田が大拙に与えた影響について見てみたい。

大拙は初期の著作のなかでは、禅とは何かを語るにあたって、それが哲学（ないし論理）とは本質的に異なったものであることを何より強調している。たとえば一九一四（大正三）年に刊行した『禅の第一義』のなかで大拙は、哲学が生きた事物を分析・解剖して得た二次的な知識をもとに組み立てられたものであるのに対し、禅は物そのものとなり、それを内から解する点にその特徴をもつこと、そこには「一点の分別智」も関与していないことを主張している。

大拙によれば、禅の禅である所以は「わが生命そのものの活機に触るる」（一八・二六八）(6) ところにある。あるいは、「禅の立脚地」は、「物を会するに当りて、之を物そのものの中より得来るに在り。物を外よりながめてその活動の跡を尋ぬるにあらず、自ら活動そのものとなりて冷暖自知するに在り」（一八・三五二）とも言われている。「物を外よりながめてその活動の跡を尋ぬる」というのは、言うまでもなく、哲学の立場を念頭に置いたものである。その特徴を大拙は次のように言い表している。「哲学は分別智の上に構へたる仮屋のやうなものにして、一寸打ち見たる所にては、論理の積んだる、美はしき建設の如し。されど其の基礎とする所の分別智は、事物――殊に活きたるもの――を解剖し、分析して得たる所の知識なるが故に、その哲学によりて本よりの活物を捕へんとすれば、僅かにその尾巴をつかむか、切れ切れの手足か、腐乱に近づきたる臓腑かをさぐりあつるに止まる」（一八・三四九）。分別知は、対象に観念の網をかぶせ、それで対象を把握しようとする。しかし、それでは網にひっかかった切れ切れの知識しか手にすることができない。それに対して禅は――無分別知とも言われる――、物の働きそのものとなって、それをどこまでも生きたものとして捉えようとする。そのことを次のようにも言い表している。「禅の義は万物の内的生涯を明らむるの義なり。動くと云ひ、止まると云ひ、死すると云ひ、生まるると云ふは跡なり、此の跡を見ずして直ちに物そのものの内在的生命に入るを要す」（一八・三七〇）。

このように大拙は『禅の第一義』のなかでは、哲学と禅とをまったく異なったものとして理解している。しかしやがて大拙は、禅と論理との関わりに目を向けるようになっていく。たとえば一九四二年に発表した『東洋的一』に収められた「東洋的「一」」という論考のなかでは次のように述べている（「一」というのは、無分別知によって捉えられる事柄の本来のあり方を指す）。

一方では、「西洋文化の思想的基調は、「二」に分れたところである。東洋のは此の「二」のまだ分れないところに在る」と言われている。しかしここで注意する必要があるのは、事柄を論理によって把握しようとする西洋的なものの見方が否定されるのではなく、それが「東洋的「一」」の把握にとっても不可欠のものであることが言われている点である。「「一」は分れなければならず、「二」は「一」を顧みなければならぬのである」（七・三二一）。

このように大拙はここでは、両者を、互いを支えあうものとして理解するに至っている。「東洋的「一」」が自己自身が何であるかを真に把握するためには、「二」への展開が必須であるというのである。他方、ただ「一」を外から捉えただけの分別知は、「一」の言わば抜け殻にすぎない。「二」に支えられてはじめて、事柄の把握として意味をもつ。

この「一」と「二」との関わりを大拙は次のようにも言い表している。「精緻で、明晰で、而して底なき底に徹した「二」の論理が立てられるとき、「二」は従来の皮を蝉脱して、本来の姿で、「一」の中に飛び出て、「二」に活を入れる。此で東洋文化の意義が世界的のものになるのである。(「一」を「無」と云つてもよい。)」(七・三二一―三二二)。精緻な論理が立てられることによって、根底にある「一」も、従来の殻を破り、「二」の世界においてそれが本来果たすべき役割を果たすことができるようになるし、「二」もまたそれが有する可能性を十全に発揮するようになるというのが、この段階での大拙の基本の考えであったと言うことができる。

そのような観点に立って、大拙はさらに、禅そのもののなかにある論理にも目を向けていった。そこから言われたのが、いわゆる「即非の論理」である。大拙は「金剛経の禅」と題した文章のなかで、この「即非の論理」に言及している。(7)『金剛経』とは、正しくは『金剛般若波羅蜜経』と呼ばれるもので、紀元前後ころにその原型が形づくられたと考えられる般若教典の一つである。「般若」は、サンスクリットのプラジュニャー(prajñā)を音写したもので、智慧を意味する。大乗の成立以前にすでに六波羅蜜(ṣaṭpāramitā)、つまり菩薩がさとり(彼岸)へと至るために修めるべき六つの行ということが言われていたが、般若教典の特徴は、そのうちの般若(智慧)をもっとも重視し、全体を統括する位置に置いた点にある。

その『金剛経』の第一三章のなかに次のような表現が出てくる。「仏説般若波羅蜜多、即非般若波羅蜜多、是名般若波羅蜜多」。大拙はこの句のなかに、禅の本質の言わば論理的な表現を見てとったのである。「金剛経の禅」のなかで大拙は次のように述べている。「『仏説般若波羅蜜多、即非般若波羅蜜多、是名般若波羅蜜多』。この形式を自分はまた即非の論理といっているのである。これは論理か何かわからぬが、とにかくまあそういっておく。この即非の論理が、また霊性的直覚の論理であって、禅の公案を解く鍵なのである」(五・三八七)。

この「仏説般若波羅蜜多、即非般若波羅蜜多、是名般若波羅蜜多」という句を、大拙は、「仏の般若波羅蜜多を説くは、即ち般若波羅蜜多にあらず。是を般若波羅蜜多と名づく」と読み、「仏の説き給う般若波羅蜜というのは、すなわち般若波羅蜜ではない。それで般若波羅蜜と名づけるのである」というようにその意味を取っている。ちなみにサンスクリットの『金剛経』原典では、「如来の説かれる般若波羅蜜多は、実に、非—般若波羅蜜多であると、如来は説かれる。それによってそれは般若波羅蜜多と言われる」という文章になっている。[8]

『金剛経』のなかでは、般若波羅蜜多についてだけでなく、さまざまな事柄について(たとえば「世界」についても、あるいは「微塵」についても)この形式に則った表現がとられている。それを一般化すれば、「「Aは即ち非A(non-A)である」と仏は説かれる。この故にそれは(Aは)「A」と言われる」ということになる。それを言いかえると、「Aが(真に)Aであるのは、Aが即「非A」であるからである」となる。大拙もたとえば、**"Being is Being because Being is not Being."** というように英語で表現したり、あるいは **"A is not-A and therefore, A is A."** というように表現したりしている。

しかし、即非の論理というのは、単なる形式的な論理、つまり矛盾に陥らないで思考するための規則ではない。それは具体的な内容をもっている。事柄の真相を「空」、あるいは「真空無相」として捉える立場から言われたものであり、それから切り離して理解することはできない。

そのことを『金剛経』のなかで実際に言われていることを手がかりに見てみたい。この経典は、ブッダと弟子のスブーティとの対話という形で展開していくが、その第五章で、ブッダがスブーティに、「如来を身相において見るべきであろうか」という問いを出す。仏教では、如来には頭頂に隆起があるといった三二の身体的特徴があると言われるが、そういう感性の対象となるような、形を持った存在として如来のことがこの「身相」という言葉で表現されている。そのようなものとして如来を見るべきであろうか、という問いに対してスブーティは、そのように見てはならないと思う、なぜなら如来が、「身相は、即、非身相である」と言われたからである、と答える。非身相というのは、色身に対する法身、つまり色も形もない、真理そのものとしての仏の本体のことであると解することができる。如来はその本体においては、色も形もないのであり、如来を形として見ようとすれば虚妄に陥る、ということがここで言われているのである。『金剛経』はこのように色身としての仏に固執することを否定するわけであるが、しかし逆に、非身相、あるいは一般的に言って「空」ということに固執することをも否定する。この二つの立場を否定したあと、「相非相」と見ることではじめて如来を見ることができる、というように言われている。単なる相、あるいは非相ではなく、非相ということに支えられた相、非相ということを内実とするような相のうちに事柄の真相を見ようとしていると言うことができる。

このような事柄の真相を分別知で捉えることはできない。分別知は、Aは非Aであることはできない、という矛盾律の上に成り立つものであるからである。大拙は、『印度学仏教学研究』（第一巻第一号）に発表された「東西哲学と仏教」のなかで、いま言ったような事柄の真相は、あらゆる分別以前の「般若的直観」（prajñā-intuition）によってのみ把握される、というように述べている。しかし逆に、般若的直観は、分別知とはまったく異なったもの、それとまったく関わりのないものではなく、むしろそれを貫くものである、というようにも述べている。その点を次のように言い表している。「般若的直観は分別知と全く異なると考へられるかもしれないが、決してさうではない。分別知即ち般若無分別知なのであつて、分別知の根本にこの prajñā-intuition があると云つてよい」（三〇・六二五）。般若的直観によって捉えられる事柄の真相の上に、分別の世界も成り立っているのだというのが大拙の理解であったと言ってよいであろう。

戦後、雑誌“Philosophy east and west”に発表した論文“The Philosophy of Zen”のなかでは、大拙は、すべての経験がそれ自身に表現を与えることによってはじめて経験でありうること、禅もまたその表現の手段を奪われるならば禅ではありえないことを述べ、「禅もまたその哲学を持たねばならぬ」と主張している。もちろん大拙は、禅と哲学との同一性を主張しようとしたのではなく、むしろ両者が同一視できないことに注意している。大拙の理解では、禅は生命の論理化、ないしその論理的自己把握ではなく、生命そのものであるからである。そのことを大拙は「哲学の体系に比べれば、禅は無限に大である」(三〇・六三六)というようにも言い表している。しかし、それは逆に、生命そのものの直接的な把握である般若的直観によって支えられることによって、哲学の体系に、それまでにない大きな展開が考えられるということでもある。

先に「東洋的「一」」のなかで大拙が、「一」が「従来の皮を蝉脱して、本来の姿で、「二」の中に飛び出て、「二」に活を入れる」ことによって、「東洋文化の意義が世界的のものになる」と述べていたのを見たが、ここからも見てとれるように、大拙の論理への注目は、東洋の思惟が世界のなかで担う役割や意義ということと強く結びついていた。ただ単に禅の独自性を強調するだけでなく、それが世界という場で果たすべき積極的な役割に大拙の目が向けられるようになっていたと言うことができる。

さて、このように大拙の禅と哲学、あるいは禅と論理との関係をめぐる考えが大きく変わっていった背景に西田の存在を考えることができるのではないかというのが、ここで主張したいことである。西田は一九四五年に亡くなっているが、その数ヶ月前に出した大拙宛の手紙の中で、西田は次のように記している。「般若即非の論理といふのは面白いと思ひます。あれを西洋論理に対抗する様に論理的に作り上げねばなりませぬ。さうでないと、東洋思想と云つても非科学的など云はれて世界的発展の力を持てない」(一九・四〇五)。この文章は、西田が最晩年にどのようなことを考えていたか、どのような意図を抱いて仕事をしていたかということを知る上でも非常に貴重な資料である。そして西田は、このような東洋的なものの考え方を論理的に整備するという課題を、自分の一人の課題とするのではなく、むしろ大拙と共有する課題として、大拙に対してその必要性を常々語っていたと考えられる。

ちょうどこの西田の文章と呼応するかのように、大拙は、先に引用した『思想』の「西田博士追悼号」に寄せた「西田の思ひ出」という文章のなかで、東洋思想にも世界性・普遍性が認められること、しかしそれを世界という場に持ち出すためには、それに十分な論理性を付与しなければならないことを述べ、「西田の主張はいつもこの論理性であつた」というように書き記している。

四　西田が大拙から受けた影響

以上のように、大拙はその思想展開のなかで西田から大きな刺激を受けたと考えられるが、それと同様に、西田もまた大拙から多くの影響を受けた。先に引用した『禅と日本文化』の「序」のなかでも西田は、「私は思想上、君に負ふ所が多い」というように書き記して、大拙から思想上のさまざまな刺激を受けたことを認めている。

また、『禅と日本文化』出版の前年に西田は岩波から『哲学論文集第三』を出版しているが、その際にも西田は大拙に宛てて次のように書き送っている。「拙著「哲学論文集第三」御送りいたします。終の二、三頁の所御世話になりました」（一九・九〇―九一）。終わりの二、三頁というのは、『哲学論文集第三』の最後の「図式的説明」において、「宗教の本質」について論じた箇所を指す。そこで宗教の「喪身失命」というあり方――西田自身の表現では「真に自己に死する」ということになる――が問題にされているが、その論述にあたって、大拙から多くの示唆を得たということをここで書き記したのだと考えられる。

さらに一九四五年に執筆された西田の最後の論文である「場所的論理と宗教的世界観」のなかでは、西田は、大拙の名前を挙げながら、大拙の思想への具体的な言及を何回となく行っている。この論文を執筆中に西田は大拙と何回となく議論を交わす機会があったようで、そのことを大拙は「西田君の思ひ出二つ三つ」と題された追憶の文章（西田没後の一九四六年に『知と行』という雑誌に発表された）のなかで、「西田の『宗教的世界観』を読んで見ると、特に最後の方には、自分等の平生話し合つて居たことに言及して居るところがある」（二八・四一八）というように記している。この二人の議論を通して、あるいはその議論をきっかけに考えたことが、「場所的論理と宗教的世界観」の論文のなかには数多くあると考えられる。

たとえば絶対者をめぐって西田は次のように述べている。「真の絶対者とは、……自己自身の中に絶対否定を包むものでなければならない。絶対矛盾的自己同一的に自己自身を媒介するもの、般若即非の論理的に、絶対否定によつて、自己自身を媒介するものでなければならない」（一〇・三三三）。従来からも西田は、絶対者が絶対の否定を通して自らを表現するものであること、絶対の否定を通して自己自身を媒介するものであることを主張しており、そのこと自体は新しい考えではないが、ここではその動的な媒介のあり様が大拙の問題意識に近づけて、「般若即非の論理」として捉え直されていることが注意を引く。

さらにこの「場所的論理と宗教的世界観」という論文を執筆中に書いた大拙宛の書簡のなかでは、西田は次のように記している。「大体従来の対象論理の見方では宗教といふものは考へられず。私の矛盾的自己同一の論理即ち即非の論理でなければならないと云ふことを明にしたいと思ふのです。私は即非の般若的立場から人（にん）といふもの即ち人格を出したいとおもふのです。そしてそれを現実の歴史的世界と結合したいと思ふのです」（一九・三九九）。ここでは「私の矛盾的自己同一の論理即ち即非の論理」というように、自分自身の立場と大拙の言う「即非の論理」が明らかに同一視されている。

この「即非の般若的立場」から「人といふもの即ち人格を出したい」ということとの関わりで注目したいのは、西田が「場所的論理と宗教的世界観」の論文において、やはり大拙の立場を端的に示す「無分別の分別」という概念に触れている点である。具体的には次のように言われている。「宗教的回心とか、解脱とか云つても、……意識的自己を離れると云ふことではない、況して無意識的となるなど云ふことではない。そこでは益々明瞭に意識的とならなければならない。寧ろ叡智的とならなければならないのである。何処までも我々の判断的意識的自己即ち分別的自己を離れることではない。大拙は之を無分別の分別と云ふ」（一〇・三三二―三三三）。先の大拙宛書簡の「人格」という表現は、このいっそう「明瞭に意識的」となるということ、あるいは「叡智的」となるということと深く関わったものと理解することができる。そこに実現されるものを西田は大拙に倣って「無分別の分別」と表現しているのである。

さて、西田はこの叡智的な自己、ないしそこに実現される「無分別の分別」をどのようにして「現実の歴史的世界」に結びつけようとしたのであろうか。

一九三七年、盧溝橋事件とともに日本は戦争に向かってまっしぐらに進んでいったが、ちょうどその年、西田は文部省によって設置された日本諸学振興委員会主催の哲学公開講演会において「学問的方法」という演題で講演を行い、その翌年、京大で「日本文化の問題」というテーマで連続講演を行っている。そしてそれをもとに岩波新書の一冊として『日本文化の問題』（一九四〇年）を出版している。そこでくり返し日本の文化や東洋の文化について触れている。たとえば講演「学問的方法」ではその冒頭で、「我々は……何処までも世界文化を吸収して発展して行かなければならない。併し我々はいつまでも唯、西洋文化を吸収し消化するのでなく、何千年来我々を孚み来つた東洋文化を背景として新しい世界的文化を創造して行かねばならぬ」（九・八七）と述べている。『日本文化の問題』のなかでも「日本文化」、あるいは「日本精神」の問題が前面に押し出されている。それは、時代がその向かう方向を大きく変えつつあったことと深く関わっている。しかし、西田は決して偏狭なナショナリズムの立場から「日本文化」や「日本精神」を問題にしたのではない。日本文化の特殊性を誇張する「日本精神」主義者に対して、西田はそのような態度が排外主義に結びつくことをはっきりと警告している。

西田が、他を排し、日本精神の唯一性を宣揚しようとする立場に対して明確な反対を表明したのは、次のような歴史認識ないし現実認識がその根底にあったからである。我々は世界歴史の舞台に立つて居るのである。講演「学問的方法」において西田は、「今の日本はもはや世界歴史の舞台から孤立した日本ではない。我々の現在は世界歴史的現在であるのである」(九・八八)と述べ、それぞれの国家が他の国家との密接な関わりのなかでのみ存在しうることを強調している。また京都大学での講演では、「今日では世界が具体的となつた。抽象的概念的でなく世界がレアールになつた」(一三・一一)というように「レアール(real)」という言葉を用いて、「世界」が、そしてさらに言えば「世界歴史」という「舞台」が現実的な意味をもつようになったことを主張している。

そのような状況のなかで求められるのは、自らの特殊性のなかに閉じこもることではなく、むしろ世界に向かって自己を開き、世界の文化の発展に対して寄与を行うことであるというのが西田の確信であった。そのことを西田は次のように言い表している。「日本は世界に於て、只特殊性・日本的なものの尊重だけではいけない、そこには真の文化はない。……つまり自家用の文化ではいけない。自ら世界的な文化を造り出さねばならぬ。之が最も緊要な事と思ふ」(一三・一一)。

日本の精神や文化を単なる伝統のなかに閉じ込めるのではなく、「生きて働く精神」(九・九三)とすること、そしてそこに「新しい世界的文化を創造して行」くことが西田の目ざしたことであった。そしてそのような創造を支えるものとして西田は、「即非の般若的立場」から出されてくる「人といふもの即ち人格」を考えていたと言うことができる。

五　二人の思索の現代的意義

このように西田と大拙の二人が、それぞれ違った道を歩んだにもかかわらず、相互に深い影響を与えあったのは、二人がともに東洋の思想と西洋の思想、あるいは東洋の文化と西洋の文化が触れあうところに、あるいはその触れあいが作りだす渦のなかに身を置いて思索した人であったということと深く関わっていると考えられる。二人は、そこから新しい論理を構築し、世界の哲学や思想に貢献できることを願った。大拙は、先に見たように、東洋の思想、とくに禅が論理的な基盤を獲得することによって、従来の枠を超えでて、世界のなかで大きな役割を果たすことを期待した。また、そのことによって哲学がそれまでにない新たな展開を遂げることを期待した。西田は、同時代の西洋の哲学の議論のただ中に身を投じ、それと正面から向きあって、そこからいわゆる「西田哲学」を紡ぎだしていったが、しかし同時に――『働くものから見るものへ』の「序」の「東洋文化の根柢には、形なきものの形を見、声なきものの声を聞くと云つた様なものが潜んで居るのではなからうか。我々の心は此の如きものを求めて已まない、私はかゝる要求に哲学的根拠を与へて見たいと思ふのである」（三・二五五）という言葉が示すように――自らの立つ思想的な基盤を強く意識してもいた。それを「論理的に作り上げる」こと、そのことを通してそれに「世界的発展の力」を付与することを、自らの思索の課題として意識していた。

そうした理解を踏まえて、『日本文化の問題』のなかで西田は自らの課題を次のように言い表している。西洋的な思惟は、目の前にある客観的な事物に注目し、その論理を明らかにし、体系化し、学問として展開してきた点に特徴をもつ。それを評価する一方で、西田は同時に次のように述べている。「真に具体的な歴史的実在の世界は、我々の自己がそれに於てある世界でなければならない。真の学問的精神と云ふものが物の真実に行くと云ふにあるならば、それは何処までもかゝる世界を把握するものでなければならない」（九・五五）。世界を自己とは関わりのない客観的な存在としてではなく、それを「自己がそれに於てある」ものとして把握すること、そしてそのなかでの自己と事物との、あるいは自己と世界との連関全体を把握することを西田は自らの課題とした。

大拙の、禅が論理的な基盤を獲得することによって世界のなかで大きな役割を果たすという期待にせよ、西田の、東洋の伝統的な思惟を「論理的に作り上げ」、それに「世界的発展の力」を付与するという課題、そしてそのことを通して世界の文化の発展に寄与をするという課題にせよ、それらはなお期待のままに、あるいは課題のままにとどまっていると言うことができるのではないだろうか。それらは、現代のわれわれにとっても期待として、あるいは課題としてある。それがいかなる課題であるかを、大拙や西田の思索を手がかりにしながら、改めて考えること、そしてその課題をいかにして果たしうるかを考えること、それが、生誕一五〇年の現在において西田の、そして大拙の思想がわれわれに対してもつ意味であると言うことができるのではないかと思う。

注

(1) 西田の著作に関しては、『西田幾多郎全集』(岩波書店、二〇〇二―二〇〇九年) から引用した。引用文のあとの数字は巻数と頁数とを表す。
(2) 西村惠信編『西田幾多郎宛鈴木大拙書簡』(岩波書店、二〇〇四年) 九一―九二頁。
(3) 『西田幾多郎宛鈴木大拙書簡』九五頁。
(4) 『高坂正顕著作集』(理想社、一九六四―一九七〇年) 第八巻六一頁。
(5) 両者の「純粋経験」に関する理解の違いについては、たとえば上田閑照『西田幾多郎を読む』(岩波書店、一九九一年)、第二講二「純粋経験」3「ジェイムズの純粋経験と西田の純粋経験」などを参照。
(6) 鈴木大拙の著作に関しては、『鈴木大拙全集』(岩波書店、一九六八―一九七一年) から引用した。引用文のあとの数字は巻数と頁数とを表す。

(7)「金剛経の禅」は大拙が昭和一九四三年から翌年にかけて五回にわたって行った講演であり、一九四四年に大東出版社から出版された『日本的霊性』に第五篇として収録された。ちなみに戦後この『日本的霊性』が再刊された際には、この第五編はそこから除かれた。一九六〇年に刊行された『鈴木大拙禅選集』（春秋社）第四巻『金剛経の禅・禅への道』では他の論考とまとめて『金剛経の禅』に収録された。

(8)秋月龍珉『鈴木禅学と西田哲学』（春秋社、一九七一年）六九―七三頁参照。

（筆者　ふじた・まさかつ　京都大学名誉教授／日本哲学史）

Empfindnis 概念小史

杉山卓史

一　はじめに

「美学（aesthetics）」はここ半世紀弱、「感性（αἴσθησις）」という原義に立ち返って「感性的認識の学」として自らを再規定し、美にも芸術にも還元されない主題（たとえば「日常的なもの」）における感性のはたらきを分析・考察しようとしてきた。こうした動きは、しばしば「感性論的転回（aesthetic/aisthetic turn）」とも呼ばれ、[1] 日本でもaestheticsに「美学」ではなく「感性学」「感性論」という語を充てるケースが増えてきている。本稿は、こうした動向に掉さしつつ、「感性」にかかわるある概念に歴史的側面から検討を加えるものである。それは、Empfindnisという概念である。

二　フッサール[2]

Empfindnisは、現在日本で発行されている独和辞典のいずれにも載っておらず、「感覚（Empfindung）」にかかわる事態を表す語であるという推測はつくものの、なじみのない語であると思われる[3]（ちなみに"-nis"という接尾語は「動詞・形容詞などにつけて『行為・状態』や『(行為・状態の内容・結果としての）事物・場所』などを意味する中性名詞または女性名詞をつくる」[4]ものであり、英語の“-ness”に相当する）。この語に多少なりともなじみがあるとすれば、それは現象学者とりわけフッサール研究者であろう。フッサールはこの語を、いずれも遺稿となった『イデーン』第Ⅱ・第Ⅲ巻および『間主観性の現象学』の重要な局面において、たびたび用いている。そして（興味深いことに）、それ以外の著作・草稿では（たとえば、「間主観性」という主題を共有する『デカルト的省察』などでも）まったく用いていない。既存の邦訳では「再帰的感覚」「感受状態」「感覚態」などと訳されており、定訳というものは存在しない。[5]本稿でも原語のまま提示し、まずは『イデーン』第Ⅱ巻に即してその所論をたどっていきたい。

『イデーン』第Ⅰ巻で明証的意識を獲得するために意識の超越論的性格を明るみに出したフッサールは、第Ⅱ巻ではそれが経験科学にどのようにかかわっていくのかを、「物質的自然」、「有心的（animalisch）自然」そして「精神世界」それぞれの「構成」を通じて、論じていく。このうちの「有心的自然」（狭義には人間）は、彼によれば、「局在化された感覚の担い手としての身体」を通じて構成されるが、この「局在化された感覚」こそがEmpfindnisと呼ばれるのである（Hua, Ⅳ 144）。彼は、右手で左手にふれるという例に即して、次のように述べる。[6]

左手をなでている時、私は触覚現象を得る、すなわち、私は感覚するのみならず知覚してもいて、柔らかくて、かくかくしかじかの形をした滑らかな手という現象を得るのである。それらを指し示す運動感覚や、それらを代理表象する触感覚は、「左手」という事物の特徴として客観化され、右手に属する。しかし、左手をなでている時、私は左手にも一連の触感覚を見出しており、それらは左手に「局在化されている」。（Ⅳ 144f.）

右手で左手にふれるという場合、両者の関係は単に〈感覚する主体 - 感覚される客体〉ではない。ふれられている左手の方にも「ふれられている」という感覚（たとえば「くすぐったい」）があり、それは右手に触れられた部分に「局在化」しているのである。このことは、「感覚する主体」であるはずの右手にも変化を引き起こす。右手は、左手を対象として知覚すると同時に、その質感（柔らかい、滑らかな、等）をも受け取るのである（圧迫などによって一時的に麻痺した手足を別の手足で触ると、まるで異なるもののように感じられる経験も、このことを裏づけていよう）。ここには「触れていると同時に触れられている」という二重性が生じている（ちなみに、この洞察を最も実り豊かに発展させたのが、ルーヴァンに開設された直後のフッサール文庫を訪れて『イデーン』第Ⅱ巻の草稿をいち早く目にしたメルロ＝ポンティであった）。

このように、第一に局在化、第二に二重性という契機によって、Empfindnisは特徴づけられる。そして、フッサールはこれを、身体を通じた構成一般へと拡張する。さらに、こうした身体を「意志の器官」すなわち「私の純粋自我が直接自発的に動かすことができる唯一の客体にして他の事物を間接自発的に動かすための手段」(151f.)とし、Empfindnisという局在化・二重化された独特の感覚をもつ身体だからこそ自由意志を行使しうるのだ、と主張する。しかし、ここから精神世界の構成へと向かう前に、テクストは（本稿にとっては）興味深い「脱線」を見せる。すなわち、「直接的直観に与えられた局在化と、それに基づく身体の関係には、感性的な事物すなわち空間に現象する客体の構成にとって構成的な機能を持つ感性的感覚のみならず、まったく別のグループの感覚もある」(152)というのである。それは、たとえば「快と苦痛の感覚、全身を流れて感じる爽快さ、『身体の不調』という一般的不快感」(ibid.)であり、「こうした感覚のグループはみな、Empfindnisとしての直接身体的な局在化をもっている」(153)とされる。Empfindnisには、中立的な局在化・二重化感覚のみならず、価値判断を伴う快苦の感覚さらには喜怒哀楽の感情も含まれ、身体のこうした「感情的」な側面も経験世界の構成にとっては重要である、というわけである（ここに後期の「生活世界」論の萌芽的側面を看取できよう）。「感情的」な側面、これがEmpfindnisの第三の契機である。

最後に第四の契機として、「感情移入（Einfühlung）」、さらには、それによって構成される間主観性を挙げることができる。もともとフッサールは、以上のような身体を通じた有心的自然の構成を「独我論的（solipsistisch）な考察でどこまで行けるか、まずは試してみよう」（144）と開始していた。それ自体はすぐに行き詰まるのだが、それを打破する鍵はEmpfindnis概念においてすでに与えられている。すなわち、右手は左手にふれると同時に左手からふれられてもいて局在化されているという事態は、単に私一人の身体内に限定されるものではなく、他（者）の身体にも置き移しうるのである。

したがって私が私の物理的環世界において見出す身体はいずれも、独我論的経験において構成される物質的な事物としての「私の身体」と同じ型の物質的な事物であり、私はそれらを身体として把握する、すなわち、私は身体にその都度自我主観を感情移入する……。その際、私は何よりもまず、（触覚、温覚、冷覚、嗅覚、味覚、痛覚、感性的快感などの）さまざまな感覚野と（運動感覚などの）感官領域で行っている「局在化」を、他者の身体に転移する。（164）(7)

こうしてEmpfindnis概念は、後期フッサールのもう一つの主題である間主観性の問題に足場を提供することになる。

しかし、フッサールはEmpfindnis概念をめぐる本稿の「主役」ではない。前に彼の既存の邦訳における定訳の不在に言及したが、邦訳者たちは、このなじみのない語を日本語に置き換える上でそれぞれ工夫を凝らした——時に先行訳を批判しつつ——ことを訳注に記している。そのような記述は、この概念があたかもフッサール独自の新造語であるかのような印象を与える。しかし、それは誤りである。すでに一八世紀に、何人かの思想家たちがこの語を用いて自らの思考をそれぞれに紡いでいったのである。本稿の目的は、その布置を描き出すことにある。以下では、この語が最も盛んに用いられた一七六〇年代から七〇年代に時期を限定し、新しいものから古いものへと時代を遡って用例を検討していく。

三　テーテンス

テーテンスは、一七八九年、五三歳にしてキール大学の自然哲学正教授職を辞してデンマークの財務官僚に転身し、哲学研究の第一線から退いたこともあり、今日ではほとんど忘れ去られた哲学者であるかもしれないが、「彼の前にはいつもテーテンスが広げられています」とハーマンが一七七九年五月一七日付ヘルダー宛書簡において証言しているように (**Hamann 1955-79, IV 81**)、全二巻計一六一八頁にもなるその主著『人間本性とその展開についての哲学的試論』(一七七七年、以下『試論』) はカントの『純粋理性批判』の成立に大きな影響を及ぼした。その影響を具体的に明らかにしようとする「テーテンス・ルネサンス」が近年進行中であるが[8]、現時点ではその対象は理論哲学にとどまっているように思われる。また、同書はカントの心的能力の三分法、とりわけ、快および不快の感情がアプリオリな原理を有するという洞察 (これによって『判断力批判』は成立した) に影響を与えたとされるが、それは具体的にはいかにしてか、そもそも、この見方は正しいのか。

たしかに、『試論』第一巻末尾近くでテーテンスは「私は魂の根本能力を三つ数える。感触 (Gefühl)、知性、そして、その活動性である」とし、「活動性」を「意志」とも呼んでいる (PhV, I 625)[9]。しかし、その直後に「目下の意図に最適であるがゆえに採用したこの区分に、観察によって与えられる以上の現実性を帰すつもりはない」と断っている (ibid.)[10]。たしかに、「観察」はテーテンスがロックにならって「人間の本性とその展開」を解明するのに採用した方法である（それゆえ「ドイツのロック」とも呼ばれる）[11]が、彼はその限界をもわきまえていた（cf. PhV, I 469）。したがって、この区分はあくまで暫定的なものであって絶対視すべきではない。このことは、第一巻の目次を概観すれば明らかである。

第一試論　「表象の本性について」
第二試論　「感触について、感覚とEmpfindnisについて」
第三試論　「知覚と意識について」
第四試論　「思考力と思考について」
第五試論　「事物の客観的実在についてのわれわれの認識の起源について」
第六試論　「感性的認識と理性的認識の相違について」
第七試論　「普遍的理性真理とその本性ならびに根拠の必然性について」
第八試論　「推論する理性の高次の認識と普通の人間知性の認識との関係について」
第九試論　「感覚、表象そして思考の根本原理について」
第十試論　「表象力とその他の活動する魂の能力との関係について」
第十一試論　「人間の魂の根本力と人間性の特性について」

と並んでいる。これは、下位から上位の能力へと連続的に移行するヴォルフ的な認識能力論をそのまま踏襲したものである。[12]これをロック的な「観察」という方法によって考察し、さらに後述するフランス感覚主義の成果を取り入れて、「感触」という下位認識能力に独自のステイタスを（バウムガルテンとは別の仕方で）与えるという折衷的な立場を、『試論』は取っている。

では、こうした下位認識能力、とりわけ、第二試論の表題に掲げられる三種の能力の関係を、テーテンスはどの

ように捉えているのか。結論から言えば、

感触［感覚［Empfindnis］］

という関係である。まず感触と感覚との関係については、感触が「単にわれわれにおける変化やわれわれへの印象が感じられるところのもの」であり、その際に「われわれは対象をこの印象によって認識することはない」のに対し、感覚は「われわれが感性的印象を介してわれわれの内で感触する、いわば、見出す対象を指し示すもの」である（PhV, I 167f.）。[13]「感触は感覚の対象というよりは、そのはたらきに向かう」（ibid.）のであり、「感触された変化が感覚である」（166f.）。要するに、感触は外的な何かによって自分の内部に何らかの物理的変化が引き起こされたことを、ただ受動的に、その内実を分節化することなく捉えるはたらきであり、それに対して感覚は、この変化を客観化・対象化したものである。[14]次に感覚とEmpfindnisとの関係については、「中立的（gleichgültig）でなく、触発してわれわれに気に入られるか気に入られないかする」ような感覚が「Empfindnisないし感動と呼ばれる」（ibid.）。要するに、肯定的であれ否定的であれ価値判断を伴った感覚がEmpfindnisであり、フッサールにおけるEmpfindnisの第三契機に相当する。なお、ここでテーテンスは「ボネ氏はEmpfindnisである感覚をsensationと呼んだ」（ibid.）と、フランスの感覚主義者ボネの『魂の能力についての分析的試論』（一七六〇年）を挙げているが、これは次節以降で見る思想家たちにも共通する着想源である。ちなみに、「感動（Rührung）」は原義は「動かすこと」であるが、文字通りに物理的に「動かすこと」（が自身の内に生じたことを捉えること）はすでに感触が担っているので、ここでは言うまでもなく比喩的な意味で「心動かすこと」の意である。

テーテンス自身が挙げる「太陽が肌を射刺す」という単純な例に即せば、こうである。私の外部にある何か（この時点では「太陽」という対象化はなされていない）が私の肌を射刺し、私の身体に変化が生じる。この変化を捉えるのが感触である。この変化を生じさせたものを「太陽」として対象化し、事態を「太陽が肌を射刺す」こととして捉えるのが感覚である。さらに、この事態を（夏に）「暑く不快だ」と否定的に、あるいは、（冬に）「暖かく快適だ」と肯定的に評価するのが、Empfindnisである。

以上のようなテーテンスの下位認識能力論をカントの『判断力批判』と照合してみると、従来の通説とは異なって相違の方がむしろ際立って見える。同書においてカントが美的判断力の基礎に据えたのは、快または不快という価値判断を伴う「感情（Gefühl）」であり、テーテンスにおいてはEmpfindnisがおおよそこれに相当する。他方、テーテンスの「感触」は、以上に見たように、外的な何かによって自分の内部に何らかの物理的変化が引き起こされたことを、ただ受動的に、その内実を分節化することなく捉えるはたらきであり、カントの「感性」に近い。そもそも、テーテンスの「感触」は知性と意志の前に置かれたものであり、その点でも、認識能力と欲求能力との間に置かれて両者の媒介を期待されたカントの「感情」とは異なっている。『試論』は『純粋理性批判』には影響を与えたとは言えるが、『判断力批判』まではなお隔たりがある、と言うべきであろう。

四　エーベルハルト

エーベルハルトも、今日ではあまり聞かない名かもしれないが、カントが『純粋理性のすべての新しい批判は古い批判によって無用とされるべきである、という発見について』（一七九〇年、『純粋理性批判無用論』）において（『判断力批判』の公刊を遅らせてまで）再批判した相手である。また、『思考と感覚の一般理論』（一七七六年）は、プロイセン王立ベルリン学術アカデミーの懸賞課題への応募論文として執筆され、ヘルダーの『人間の魂の認識と感覚について』（一七七八年）らを押さえて一等入選を果たした著作である。同書においてエーベルハルトは、仏語のsensationとsentimentとの区分、すなわち、「外的感覚と身体の感触された完全性のみを把握する」能力と「自らの外部にある対象において、ある種の性質と変化を完全ないし不完全と感触する」「感性的感覚から派生したもの」との区分に言及し、「若干のドイツの作家は、あえて前者に感覚という語を制限し後者をEmpfindnisという新たな語で表現した」と述べている（Eberhard 1776, 168f.）。「若干のドイツの作家」（これは次節以降で見るメンデルスゾーンやアプトであろう）を主語にしていることから明らかなように、エーベルハルト自身は基本的にはこうした用語法に与せず「感覚という語をたいていは最広義に用いる」と断っているが、「天才と性格の判定について」と題された最終第四節において「知的な天才の対象は、(1)思考、(2)Empfindnis、(3)行為である。第一の対象においては、天才は真偽を見る、すなわち、観想的哲学的であり、第二の対象においては快適なものと快適でないものを感覚する、すなわち、詩的であり、第三の対象においては有益なものと有害なものを推測する、すなわち、実務的である」という区分をしている（215f.）。アカデミーが回答を求める認識と感覚の関係について論じ終えた後の「補論」的な部分で、かつ、天才という限定されたトピックに即してではあるが、むしろエーベルハルトのEmpfindnis概念の方がテーテンスよりもカントの「第三の能力」に近いのではないだろうか。

五　メンデルスゾーン

むしろ、カントの心的能力の三分法に影響を与えた「本命」は、（あえて挙げるならば）[15]メンデルスゾーンであろう。同時に、彼こそが一八世紀におけるEmpfindnis概念の主たる担い手であった。

一七七六年六月に執筆されたと推定されるある遺稿は、次のように始まる。

認識能力と欲求能力との間には感覚能力があり、それによってわれわれは、事物において快ないし不快を感覚し、承認し、是認し、快適だと思う、あるいは、否認し、非難し、不快だと思ったりする。——われわれが関与することのない、いかなるEmpfindnisとも結びつかない思考や表象が存在する。同様に、いまだいかなる欲求にもならないEmpfindnisも、存在する。われわれはある音楽やある絵画を美しいと思い、それに感動することがあるが、その際に何かを欲求しているわけではない。(JubA, III/1 276)

冒頭の一文――ここから現在では「認識能力、感覚能力そして欲求能力について」と題され知られている――から明らかなように、ここでメンデルスゾーンは認識能力と欲求能力との間に「事物において快ないし不快を感覚する」能力を置いている。「感覚」か「感情」かという用語上の相違はあるが、カントの心的能力の三分法すなわち三批判書の枠組とぴったり重なる。「われわれはある音楽やある絵画を美しいと思い、それに感動することがあるが、その際に何かを欲求しているわけではない」こと、すなわち、音楽や絵画の美しさを「感覚」することとそれをわがものとすることを「欲求」することとは異なる、という記述も、「関心なき満足」というカント的な美の規定に非常に近い。「本命」と呼ぶ所以である。

たしかに、このテクストは一八四四年の全集においてはじめて公になった「遺稿」であって、カントが知っていたなどということはありえない。しかし、公刊された『朝の時間あるいは神の現存在についての講義』(一七八五年)にも、次のような類似の記述が見られる。

人は通常、魂の能力を認識能力と欲求能力とに区分し、快および不快の感覚を欲求能力に数え入れてきた。だが思うに、認識と欲求との間には魂の是認、賛意そして満足があり、それは本来は欲求とはきわめて異なるものである。……以下、これを是認能力と呼び、真理の認識および善の要求から分離することにする。それはいわば、認識から欲求への移行であり、この両能力を結びつける。(III/2 61f.)

「感覚能力」という語は退き「是認（Billigung）能力」という語が用いられているが、「真理の認識および善の要求から分離」された、いわば「第三の」能力が「認識から欲求への移行」を司り、それによって「この両能力を結びつける」という発想は、『判断力批判』そのものとさえ言える。

ところで、この箇所では[16]「感覚」とともにEmpfindnisという語も用いられている。テクスト全体（六〇〇語余り）では、前者が五回、後者が六回用いられている。[17]私見では、これらは草稿ということもあり、必ずしも厳密に使い分けられてはいないように思われる。しかし、前の引用では、「われわれが関与することのない、いかなるEmpfindnisとも結びつかない思考や表象が存在する。同様に、いまだいかなる欲求にもならないEmpfindnisも、存在する」とされていた。このことは、裏返して肯定形で「いずれ欲求となり思考や表象と結びつくEmpfindnisが存在する」と言えるのではないだろうか。そして、そのようなEmpfindnisを捉えるのが感覚能力である、として、両者の間に差異を認めて読むことができるのではないだろうか。別の箇所では「Empfindnisは各々、対象の性質をわれわれの概念と調和させる欲求と結びついている」（JubA, III/1 277）とも言われている。このように、このテクストにおけるEmpfindnisは、認識と欲求の中間というよりは、欲求寄りに位置づけられている。もともとメンデルスゾーンは（少なくとも一七六〇年代までは）、認識と欲求の二能力論を採っていた。[18]それが一七七〇年代以降、両者の間にある「第三の能力」を認める方向に傾いていく。その端緒が、「いまだいかなる欲求にもならない」――現代風に言えば「無意識の」――Empfindnisの存在を認めることだった。そして、その次の段階として、これを捉える独立した能力を「感覚能力」ないし「是認能力」として設定する――このような筋書きが見えてくるのではないだろうか。バウムガルテンは下位認識能力に独自のステイタスを認めて「美学」を構想したが、メンデルスゾーンはそれに対して、あるいはそれと並行して、欲求能力を上位と下位に区分して後者に独自のステイタスを付与することによって、バウムガルテンとは別の形で美学を展開し、カントの『判断力批判』への途を拓いた、と言えよう。[19]

そのためにはしかし、この一七七六年の段階でメンデルスゾーンの哲学的・学術的語彙の中にEmpfindnisという語が確固として含まれていることが前提となる。そのことを証するのが、一七七一年の改訂版『哲学著作集』に収められた「文芸における崇高なものと素朴なものについて」である。この論考は、最初は五八年に『芸術文庫』第二号に発表され、[20]次いで六一年に『哲学著作集』に収められて出版されたが、十分な編集作業ができなかったことに不満を抱いていたメンデルスゾーンは、大幅に改訂した版を七一年に出版する。そして、Empfindnisという語が現れるのは、この七一年の改訂版に限られる。すなわち、同じ主題をEmpfindnisという新語によって加筆修正した、本稿にとってきわめて興味深く重要な事例なのである。

このテクストでメンデルスゾーンがEmpfindnisという語を用いるのは、「素朴（naiv）なもの」を論じる文脈においてである。彼は、ヴィンケルマンの「高貴な単純さ」という概念を参照しつつ、「対象が高貴だ、美しい、あるいは重要な帰結をともなっていると考えられ、［それが］単純な記号によって暗示されているなら、その記号表示が素朴と呼ばれる」（JubA, I 215 = 485）と、いわば記号論的に規定する（これは、五八年の初出時以来の規定である）。要するに「ありのままのよさ」である。そして、ここからが七一年に加筆された議論であるが、これを顔立ちや表情そして身ぶりといった人間の外見に即して、いわば観相学的に次のように確認・補強する（ちなみに、観相学の祖ラヴァターが『観相学断片』を世に問うのは、この四年後である）。

人間の顔の特徴や表情そして身ぶりは、その傾向性や感覚の記号である。顔の特徴はみな傾向性を、表情はそれに対応する心の動きを意味する。それゆえ、それらがいわば、故意にでも声高にでも自意識過剰にでもなく傾向性とEmpfindnisの幸運で一致した体系を醸し出すならば、あらゆる特徴と身ぶりの総体に素朴なものの

性格が帰される。(488)

ここでのEmpfindnisは、テーテンスもEmpfindnisと同義に用いていた「心の動き」の換言である。これが「傾向性」と「故意にでも声高にでも自意識過剰にでもなく」一致した時、素朴という徳が現れる。このように、ここでのEmpfindnisは「傾向性」という広義の欲求能力と並行関係にあり、五年後の三能力論を用意していると言える。

六　造語の現場─メンデルスゾーンとアプト

実は、メンデルスゾーンはEmpfindnisという語の「共同造語者」の一人でもある。(哲学的概念としての)この語の初出は、夭逝した通俗哲学者アプト(Thomas Abbt, 1738-66)の『功績について』(一七六五年)であるが、彼は出版前に同書の草稿をメンデルスゾーンに送ってコメントを求めており、メンデルスゾーンは一七六四年八月末付で、その求めに応じて詳細なコメントを返信しているからである。草稿は現存していないが、メンデルスゾーンの返信はその内容についての有益な情報を含んでいる。

メンデルスゾーンはまず、「ドイツのサッポー」ことカルシュ(Anna Louisa Karsch, 1722-91)の頌詩(Ode)に即して、仏語のsensationとsentimentとの(テーテンスやエーベルハルトも言及していた)区分についての自らの理解を示す。それによれば、sensationは「場所や時間に結びついて」おり、これに「生き生きと感動させられる」ことが、作詩の発端である。これに対して、sentimentは「生き生きとした想像力の法則に結びついている」。頌詩は「sensationに由来する一連のsentiment」であり、「その端緒をsensationから取りうるが、sentiment以外の何ものにも従わない」(XII/1 58)。すなわち、空間的・時間的に発生した物理的sensationが生んだsentimentを表現したものが頌詩だ、というわけである。これは、当時としては標準的な頌詩理解であり、ここでは前者に「感覚」、後者に「感情」ないし「感傷」という日本語が、それぞれ違和感なく収まるであろう。

問題は、この区分を独語に置き移す時に発生する。メンデルスゾーンは、「十分に生き生きとした感触（sensation）はみな、感覚（sentiment）をだめにして頌詩は突然終結せざるをえません」（ibid.）と述べ（主張自体は、物理的なsensationが強すぎると頌詩の素材であるsentimentがだめになってしまう、という単純なものである）、「感触（Gefühl）」とsensationとを、「感覚（Empfindung）」とsentimentとを、それぞれ対応させて（訳して）いる。その上で、アプトの草稿に対するコメント、とりわけ術語の問題という本題に入る。

> 私があなたにEmpfundという言葉を言わせようとしているのではないことは、お分かりでしょう。あなたはこれをempfundenという過去分詞から造語され、私は過去分詞から作られうる言葉としてはfundしか知らないでしょうが、その場合、動詞は決して名詞からは作られませんでした。感触は能力を意味しますが、FühlungとEmpfindnisがなお、この作用のために残っています。Empfindnisは奇妙に響きます。Fühlungは、探し出されるに値する古語ですので、われわれ（ニコライ氏と私はラムラー氏に問い合わせました）はこれをEmpfundの代わりにあなたに勧めました。ニコライ氏はあなたに、Fühlungがsentimentよりもsensationに相応しい十分な理由を申し上げました。それは間違っていないと思います。……ですからあなたは、しかるべくsensationにFühlungを、sentimentにEmpfindungを用いてよいでしょう、Empfundは不可能であり続けるでしょうから。（58f.）

メンデルスゾーンは、sentimentを「感覚」と訳すことについては問題視していない。問題は、sensationの訳である。文面を見る限り、アプトはEmpfundという語を用いたようである。これにメンデルスゾーンは、友人のニコライおよび「ドイツのホラティウス」ことラムラー(Karl Wilhelm Ramler, 1725-98)とともに、異を唱えている。そして、代案としてFühlungとEmpfindnisという語を挙げるが、後者は「奇妙に響く」として斥ける(これは、独語を母語としないユダヤ人メンデルスゾーンならではの感覚なのかもしれない)。自ら斥けたとはいえ、アプトに先立ってEmpfindnisという語を挙げているのである。このことは、大いに注目されるべきであろう。「共同」造語者というよりもむしろ、「名目的」造語者アプトに対する「実質的」造語者とするべきかもしれない。

これに対して、アプトは一七六四年十一月八日付で次のように返信している。「Empfundは斥けられました。私はsensationには感覚を、sentimentにはEmpfindnisを選びました。感触はしばしば両義性にさらされています」(69)。翌年に出版された著作では、最終的に次のような記述となった。

感覚はsensationと、Empfindnisはsentimentとみなされよう。……感覚は生き生きと、しかし混乱して、事柄をわれわれに関係づける、感官を介して。Empfindnisは同じことを、想像を介して行う。前者の場合、事柄はわれわれに現前しているようにかかわる。後者の場合、たとえそれが現前しているとしても、むしろ像がそれを行う。(Abbt 1765, 156f.)

要するに、アプトはメンデルスゾーンらの代案を受け入れなかったのである。彼は、「感触」は両義的である、すなわち、「触覚」という意味と「感情」という意味とがある(このことを本稿では「感触」という日本語で表現した)[21]ため、頑なに採用を拒んだのである。しかし、原案に固執することもなく、候補に上ったEmpfindnisという語をちゃっかり採用してsentimentの訳とし、押し出されて宙に浮いた格好の「感覚」をsensationの訳にスライドさせた。こうして、独語の哲学的概念としてのEmpfindnisが成立した。メンデルスゾーンも最終的にこの措置に納得したであろうことは、七〇年代の彼の議論が証している。

以上のように、独語の哲学的概念としてのEmpfindnisは、仏語のsentimentの訳語として、「感覚（sensation）」と対になって、誕生した。だとすれば、次の問題は、フランスにおけるその「輸入元」はどこか、ということになろう。

七　「輸入元」としてのフランス感覚主義

メンデルスゾーンとアプトのやり取りにおいては、具体名は挙がっていない。挙がっているのは、テーテンスの『試論』においてである。そこでは、すでに言及したボネと並んで、エルヴェシウス、コンディヤック、サーチ（本名アブラハム・トゥッカー）の名が、感覚から人間の本性を説明しようとした「感覚主義者」[22]として（ライプニッツ・ヴォルフと対比的に）挙げられている（PhV, I 4）。メンデルスゾーンとアプトにおいても、彼らを「輸入元」と仮定してよいであろう。以下ではこの仮説を、サーチ（テーテンスが参照しているその著『自然の光を求めて』は一七六八年出版）を除外してフランスに限定して、検討したい。

この三人の著作は、すべて一八世紀中に独訳されている。しかも、エルヴェシウスの『精神論』（一七五九年）の独訳はアプトの『功績について』以前（六〇年）に、ボネのものも『試論』以前（七〇年）に出版されている（さらに、それぞれゴットシェートとシュッツという名のある思想家が翻訳している）。だとすれば、ドイツへの「輸入」は、これら既存の独訳に従っただけなのではないのか。そうではないのである。以下、独訳順に具体的に見ていこう。仏語原文から引用・訳出するが、sentimentとsensationに対応する独訳語も併せて示すことにする。

エルヴェシウスの『精神論』第四講第二章では、次のように言われる。

われわれにおいて最大の情念が呼び覚まされる瞬間は、通常sentiment (Empfindung) と呼ばれるものである。情念ということで理解されるのは、単一の種類のsentimentの連続性にほかならない。男性の女性に対する愛は、この女性だけに対する欲望とsentimentの持続にほかならない。／こうした定義が与えられれば、今後sentimentをsensation (Gefühl der Sinne / sinnliches Gefühl) から区別し、いかなる観念がこれら二つの言葉に相互に結びつかねばならないかを知るためには、二種の情念があることを想起する必要がある。一つは、自然から直接与えられたものであり、飲食などの自然的欲望ないし欲求のようなものである。もう一つは、自然から直接には与えられないがゆえに社会制度を前提とする、本来は作られた情念でしかないものであり、野心、自尊心、奢侈心などである。これら二種の情念に従って、二種のsentimentを区別しよう。一つは、前者の情念すなわち自然的欲求と関係し、sensationという名を持つ。もう一つは、作られた情念と関係し、とりわけsentimentの名の下に知られている。(Helvétius 1758, 492 = Helvétius 1759, 494)

sensationもsentimentも、どちらも「情念」であるが、前者が「自然的」なものであるのに対して、後者は「社会制度を前提とする」「作られた」ものである、という内容である。これは、これまで検討したドイツ思想のどこにも見られなかったものではないか。独訳では、前者が「感覚」、後者が「感官の感触」ないし「感性的感触」と訳されており、メンデルスゾーンがアプトに示した対案はこれに準じたものと言えるが、内容がまったく伴っていない。「内容的輸入元」としては失格である。

次に、ボネの『分析的試論』(§一九九)である。

そして、どんな種類のsensation (Empfindung) も、それ固有の器官ないし繊維をもつのだから、あるsensation

の sentiment (Empfindnis) が別種の sensation をわれわれに与えることはできない。その鼻がナデシコの香りに適した繊維をもたないような人間は、この香りの sentiment を得ることはできないであろう。(Bonnet 1760 146f. = Bonnet 1770-71, I 145)

「固有の器官ないし繊維をもつ」[23] sensation が香りなどの sentiment を生む、という内容である。前者は、メンデルスゾーンおよびアプトの記述とおおむね一致する。しかし、彼らが「香り」を sentiment に含めるだろうか。独訳はアプトの著書と同じであるが、前述のようにアプトの著書の方が先に出ているため、むしろアプトの術語を独訳に際して用いた、というのが実情であろう。なお、前に見たテーテンスの「ボネ氏は Empfindnis である感覚を sensation と呼んだ」という記述は、この引用と照合すれば、誤りであることが分かる。「ある sensation の sentiment (Empfindnis)」の中間部を省いて引用したのではないだろうか。

最後に、sensation そのものを題名に掲げるコンディヤックの『感覚論』(一七五四年)を見よう。同書において、「感覚」は端的に「感覚器官」すなわち視覚・聴覚・味覚・嗅覚・触覚という五官の総称であるが、大理石の立像に五官を一つ一つ付与していくとどうなるか、という、きわめて今日的な思考実験が繰り広げられる。その冒頭(第一部第一章§八 - 九)、立像に嗅覚のみを付与するくだりで、次のように言われる。

したがって、立像には感じる仕方が二つあるが、その相違は、一方は実際の sensation (Empfindung) に関係し、他方は今はないがその印象は続いている sensation に関係する、というだけである。二つの在り方を自らに作用する対象が存在することや、自らも器官を持つことさえ知らない立像は通常、かつてあったものを弱く感じ現にあるものを生き生きと感じる実際の sensation から、sensation の想起を区別する。／「通常は」というのは、想起は必ずしも弱いsentiment（Gefühl）でないし、感覚自体も生き生きとしたsentimentではないからである。というのも、記憶が存在の仕方を多くの力によって跡づけ、逆に器官が軽い印象しか受けない場合は常に、実際のsensationのsentimentは、もはや存在しないsensationの想起ほどには生き生きとしていないだろうからである。（Condillac 1754, 26–28. = Condillac 1791, 18f.）

コンディヤックは、sensationを現在の対象にかかわるものと「想起」によって過去の対象にかかわるものとに区別し、後者の一部すなわち「生き生きとした」ものをsentimentと呼ぶ。後者の記述は（同書全篇を通じて）必ずしも明確・具体的ではないが、内容的にはメンデルスゾーンおよびアプトのそれと（「想起」という契機を除けば）最も重なる。ちなみに、彼らおよびテーテンスが参照しえなかった独訳（九一年）では、sensationが「感覚」、sentimentが「感触」と訳されており、アプトの用法が必ずしも定着したわけではなかったことを物語っている。

以上のように見てみると、一口に「感覚主義」と言っても、少なくともsensationとsentimentとの区分・関係に関する限り、一枚岩ではまったくない。以上の三者の中では、コンディヤックの区分がメンデルスゾーンおよびアプトのそれと内容的には最も近いが、決して唯一絶対の「輸入元」ではない。彼らは、「感覚主義」を大まかにつかんだ上で、既存の独訳とは独立に独語に置き移そうと試行錯誤した、というのが実情であろう。

八　おわりに

以上の考察をまとめ、sentiment - sensationという仏語の対概念の独訳を一覧にすると、次のようになる（同系統の語には同じ傍線を付す）。

	sensation	sentiment
エルヴェシウス（一七五九年）	Gefühl der Sinne / sinnliches Gefühl	Empfindung
アプト（草稿、一七六四年八月八日。Cf. JubA, XII/1 276）	Empfund	Empfindung
メンデルスゾーン（提案、一七六四年八月下旬）	Fühlung	Empfindung
アプト（著作、一七六五年）	Empfindung	Empfindnis
ボネ（一七七〇年）	Empfindung	Empfindnis
エーベルハルト（一七七六年）	Empfindung	Empfindnis
テーテンス（一七七七年）	Empfindnis / Rührung	das Empfundene
コンディヤック（一七九一年）	Empfindung	Gefühl

このように、一八世紀のEmpfindnisは、大枠ではフランス感覚主義のsentimentの独訳であり、sensationの独訳である「感覚」と対をなす、と結論しうる。[24]「感覚」が外的刺激を物理的中立的に受容するものであるのに対し、Empfindnisは快ないし不快などの価値判断を含んだ「感情」（ないし「感傷」）である。しかし、これと二〇世紀のフッサールのそれとの間には、フッサールにおいても「感情」という契機は認められはしたが、大きな断絶がある。フッサールは一八世紀のEmpfindnis概念を（いかにして）知りえたかの解明は、今後の課題としたい。

このように捉えるならば、Empfindnisはカントが美的判断の基礎に据えた「快および不快の感情」の「前身」と見ることができよう。三〜五節では「カントの心的能力の三分法に（最も）影響を与えたのは誰か」という問いを考察の導きの糸としたが、それによって明らかになったのは、「人間の心的能力は何種類に還元できるか」という問いが（アカデミーが――「認識と感覚という二能力説は妥当か」という変形ではあれ――懸賞課題に掲げるほど）当時の思想界の一大論争点であったこと、しかし、大まかな傾向としては、根本能力の数を増やし細分化する方向に向かっていったこと、である。[25] ここで増やされ細分化された能力が広義の「感性」であり、その独自性を認めて哲学的考察の対象にする営みが「美学」にほかならない。『判断力批判』は、その（一応の）到達点である。たしかに、それに先立ってバウムガルテンにおいてすでに「美学」は哲学の一学科として誕生してはいた。しかし、彼は『美学』を当初計画の一／六（それでも§九〇四に及ぶが）も執筆しないまま病に倒れた。彼の「美学」は、「宣言」の域を出ないものだったのである。そこから『判断力批判』までは、この「宣言」を名実ともに具体化する歴史であり、Empfindnis 概念は、その（「名」の側の）一コマをなすものと見ることができる。

しかし、カントはこの概念を採用せず、アプトがその両義性ゆえに忌避した「感触（感情）」を採用した（『判断力批判』翌年に出されたボネの独訳が sentiment を「感触」と訳しているのも、この影響下にあるものと考えられる）。[26] ここにおいて、それまでの Empfindnis 概念の歴史は、いわば塗りつぶされてしまった、と言える。超越論的観念論者カントの眼中に「触覚」という経験的感官は入っていなかったから、ということではない。実際、バウムガルテンの『形而上学』中の「経験的心理学」の箇所を教科書として講じた[27]（特に一七七〇年代前半の）人間学講義では、彼は「触覚」をしばしば論じている（AA, XXV 45; 273）。しかし、徐々に Gefühl を（快および不快の）「感情」に限定し、「触覚」には Sinn der Betastung という語を充てる（cf. VII 154）など、術語の両義性を排除しながらその哲学体系を構築していく。「『感情』は『触覚』に基づく」などという比ゆ的な議論は認めない、というわけである。しかし、「判明」ではなく「混乱」した「生き生きとした」事象（＝バウムガルテンの「感性的」の定義）を語るのに、そのような（今日の学術的視点から見れば当然とも言える）態度は適切だろうか。実際、その議論が比ゆ的だと批判されたヘルダーは、そのようにカントを再批判したのである。(28)そのような観点からカントの美学を相対化し、その前史を否定し去られるべきものとしてではなく、バウムガルテンの「美学」樹立宣言を具体化する試行錯誤の歴史として肯定的に見ること、このことを、Empfindnis概念のささやかな歴史を記述した本稿を通じて、主張したい。(29)

文献

（著者姓と出版年［または略号］で同定し、該当箇所の巻数をローマ数字で、頁数をアラビア数字で記す。例外はその都度記す。訳出に際して邦訳のあるものは参照したが、本文との関係上、訳文は筆者のものである）

Abbt, Thomas, 1765. Vom Verdienste, Berlin.

Bonnet, Charles, 1760. Essai analytique sur les facultés de l'âme. Kopenhagen（1770-71. Analytischer Versuch über die Seelenkräfte. Übers. und mit einigen Zusätzen vermehrt von Christian Gottfried Schütz. Bremen/Leipzig.).

Condillac, Étienne Bonnot de, 1754. Traité des Sensations. Paris（1791. Abhandlung über die Empfindungen. Übers. von J[oseph]. M[aria]. Weissegger, Wien. 1948.『感覚論』加藤周一・三宅徳嘉訳、創元社）.

Eberhard, Johann August, 1776. Allgemeine Theorie des Denkens und Empfindens. Berlin.

Hamann, Johann Georg, 1955-79. Briefwechsel. Hg. von Walther Ziesemer und Arthur Henkel. Frankfurt am Main: Insel.

Helvétius, Claude-Adrien, 1758. De l'esprit. Paris（1759. Discurs über den Geist des Menschen. Übers. von Johann Christoph Gottsched. Siegert/Leipzig/Lignitz).

Herder, Johann Gottfried, 1985-2000. Werke in zehn Bänden. Hg. von Günter Arnold et.al., Frankfurt am Main: Deutscher Klassiker.

Husserl, Edmund, 1950- . Husserliana. Gesammelte Werke, Haag: Nijhoff（= Hua）（2001-09.『構成についての現象学的諸研究』（『イデーン―純粋現象学と現象学的哲学のための諸構想―』Ⅱ）立松弘孝・別所良美訳、みすず書房。2010.『現象学と諸学問の基礎』（『イデーン―純粋現象学と現象学的哲学のための諸構想―』Ⅲ）渡辺二郎・千田義光訳、みすず書房。2012-15.『間主観性の現象学』浜渦辰二・山口一郎監訳、ちくま学芸文庫）.

Kant, Immanuel, 1902- . Gesammelte Schriften. Hg. von der Königlich Preußischen Akademie der Wissenschaften. Berlin: Gruyter（= AA）（1999-2006.『カント全集』全22巻、岩波書店）.

Mendelssohn, Moses, 1971-（[1]1929-）. Gesammelte Schriften. Jubiläumsausgabe. ND. Stuttgart-Bad Cannstatt: frommann-holzboog.（= JubA）

Tetens, Johann Nikolaus, 2014. Philosophische Versuche über über die menschliche Natur und ihre Entwicklung. Kommentierte Ausgabe. Hg. von Udo Roth und Gideon Stiening. Berlin: Gruyter（= PhV、原著の頁数）.

Böhme, Gernot, 2001. Aisthetik. Vorlesungen über Ästhetik als allgemeine Wahrnehmungslehre. München: Fink（2005.『感覚学としての美学』井村彰他訳、勁草書房）.

Frank, Manfred, 2002. Selbstgefühl. Eine historisch-systematische Erkundung. Frankfurt am Main: Surhkamp.

Hölscher, Uvo, 1885. Urkundliche Geschichte der Friedrichs-Universität Bützow. In: Mecklenburgische Jahrbücher 50, SS. 1-110.

小林信之 2015.「ふれることについて―触覚の現象学―」『早稲田大学大学院文学研究科紀要（第1分冊、哲学・東洋哲学・心理学・社会学・教育学）』第60巻、21-36頁。

小田部胤久 2007.「ヴォルフとドイツ啓蒙主義の暁」『理性の劇場』（『哲学の歴史』第7巻）中央公論新社、41-74頁。

Rosenkranz, Karl, 1840. Geschichte der Kant'schen Philosophie. Leipzig.

佐藤慶太 2015.「テーテンス『人間本性とその展開についての試論』とカント」『香川大学教育学部研究報告第Ⅰ部』143号、121-138頁。

杉山卓史 2006.「ヘルダーの共通感覚論―共感覚概念の誕生―」『美学』第225号、1-14頁。

——— 2012.「美と倫理の結合子としての虚構―メンデルスゾーンの感覚概念をめぐって―」『美学芸術学研究』第30号、45-72頁。

——— 2013.「ヘルダーの「感覚」論―『認識と感覚』の同時代的位置―」『ヘルダー研究』第18号、43-65頁。

辻麻衣子 2018.「テーテンス・ルネサンスとカント―「三重の総合」に見る経験心理学への態度―」『日本カント研究』第19号、73-87頁。

Welsch, Wolfgang, 2003 (^{1}1990). Ästhetisches Denken. 6., erweiterte Aufl. Stuttgart: Reclam（1998.『感性の思考―美的リアリティの変容―』小林信之訳、勁草書房）.

Zahavi, Dan, 2003. Husserl's Phenomenology. Stanford（CA）: Stanford University Press（2003.『フッサールの現象学』工藤和男・中村拓也訳、晃洋書房）.

注

（1）Cf. e.g. Welsch 2003; Böhme 2001.

（2）本節の記述は、小林 2015 に示唆を受けている。

（3）「感覚」については、杉山 2012 においてメンデルスゾーンに即して、杉山 2013 においてヘルダーに即して、それぞれ検討を加えた。

（4）小学館独和大辞典。

（5）それぞれ立松弘孝・別所良美訳、渡辺二郎・千田義光訳、浜渦辰二・山口一郎監訳。その他、二次文献では「感覚感」（Zahavi 2003. 工藤和也・中村拓也訳）など。

（6）しばしば Empfindnis は「触覚（Tasten）」と結びついて Tastempfindnis という形で用いられる（IV 150; V 10; XIV 283）が、五官のそれ以外の感官と結びつくことはない。

（7）並行箇所として、『デカルト的省察』における次の箇所を参照。「自然における自分固有なものと捉えられた物体のなかに、私は唯一独特の仕方で私の身体を見出す。これは、単なる物体ではなくまさに身体であるような唯一のものであり、私の抽象的な世界の層の内部にあって、私が経験によって……感覚の場をそれに帰する唯一の客観であり、私がその『うちで』直接に『自分の思い通りにでき』、特にそのそれぞれの『器官』のうちで支配している唯一のものである。私は手で運動感覚的に触れることで知覚し、同様に眼で見ることで知覚し、等々と知覚し、常にそのように知覚することができる。その際、これら器官が持つ運動感覚は、『私はする』という仕方で経過し、私の『私はできる』に従うことになる。……このことが可能になるのは、私が一方の手『によって』他方の手を知覚し、手によって目を知覚する、といったことが『できる』ということを通じてである」（I 128）。

（8） Cf. 辻 2018.
（9） 詳しくは以下の通り。「感触は魂の変様可能性ないし感受性と、自らの内で新たな変化を単に感じ取ることを把握する。表象力と思考力が、まとめて知性に属し、感触と知性に比せられる残りの能力が、最後の活動力（意志）という名で呼ばれる」（ibid.）。
（10） 以下の箇所も参照。「およそ自然の多様を人為的に区分することは、普通は欠陥をもつし、もたざるをえない」（26）。
（11） Rosenkranz 1840, 65.
（12） Cf. Frank 2002, 200ff.; 杉山 2013, 49f.. これに対し、佐藤 2015は『試論』で取り扱われるそれぞれの認識能力の間には、一定の質的差異が設定されている」（124）と見ている。
（13） さらに注9も参照。
（14） とはいえ、ここでも「感触という語は、今ではほとんど感覚という言葉と同じくらい拡張された範囲を持つに至った」（167）と、差異化に苦慮する様子がうかがえる。
（15） このような留保を付したのは、カントが誰の影響も受けずに独立に「第三の能力」を発見した、とする見解もあるからである。Cf. 杉山 2012, 70（注（27））.
（16） すべて「感覚能力」という、「能力（Vermögen）」と結びついた形である。Empfindnisは、一度だけ「能力」と結びついて用いられている。
（17） 杉山 2012でも訳し分けていなかった。以下の考察は、旧稿に対する自己批判でもある。
（18） Cf. 杉山 2012.
（19） Cf. 小田部 2007, 67f..
（20） 『芸術文庫』は、メンデルスゾーンが友人のニコライ（Friedrich Nicolai, 1733-1811）およびヴァイセ（Christian Felix Weiße, 1726-1804）と創刊した雑誌。原題は「文芸における崇高なものと素朴なものについての考察」。
（21） この両義性を有効活用したのが、『言語起源論』（一七七二年）におけるヘルダーであった。Cf. 杉山 2006.
（22） テーテンス自身による命名ではなく本稿における。
（23） 当時は、細胞ではなく「繊維」が人体の基本構成単位と考えられていた。

(24) この「大枠」に唯一当てはまらないのがテーテンスである。口述筆記（cf. Hölscher 1885. 71）の過程での誤りであろうか。

(25) まとめれば、以下のようになろう。なお、本稿で扱わなかったものについては、杉山 2013を参照。

一能力説：ヴォルフ、初期ズルツァー、テーテンス、ヘルダー

二能力説（認識と欲求）：メンデルスゾーン（〜六〇年代）、カント（〜八七年）

二能力説（認識と感覚）：中後期ズルツァー

三能力説：エーベルハルト、メンデルスゾーン（七〇年代〜）、カント（八八年〜）

(26) 実際、一七九〇年代のEmpfindnis概念は、ヘルダーの『純粋理性批判のメタ批判』（一七九九年）等、旧哲学の立場からカントを批判する際に用いられる。Cf. Herder 1985–2000, VIII 387.

(27) バウムガルテンの『形而上学』の初版は一七三九年であるが、カントが教科書に用いたのは、主要な術語に独訳が付された五七年刊の第四版である。

(28) 注26参照。

(29) 本稿は、二〇一九年十一月三日に開催された京都哲学会公開講演会における同題の講演に基づく。特定質問者・小林信之氏をはじめ、貴重な質問・コメントをくださった聴衆の方々にお礼申し上げる。さらに遡れば、本稿の内容は二〇一九年度前期開講の美学美術史学特殊講義で講じたものである。忌憚のない質問・コメントを寄せてくれた受講者諸君にも感謝したい。なお、本稿はJSPS科研費JP18K00126の助成を受けたものである。

（筆者　すぎやま・たかし　京都大学大学院文学研究科准教授／美学美術史学）

特集

座談会「日本におけるアカデミズムの哲学史 ―『哲学雑誌』と『哲学研究』の比較分析」

（この座談会は、京都大学大学院文学研究科の日本哲学史研究室が主催する定期講演会、「日本哲学史フォーラム」の第三十六回会合として、二〇一九年四月十三日に京都大学の国際科学イノベーション棟で開催された。）

趣旨説明

上原　麻有子

第三十六回日本哲学史フォーラムを開催いたします。今回のフォーラムは「日本におけるアカデミズムの哲学史―『哲学雑誌』と『哲学研究』の比較分析」と題して、座談会形式でお届けします。本日は、東京大学の鈴木泉先生、納富信留先生を、そして京都大学をご退職になられた藤田正勝先生をお招きしております。

この座談会は、三つの事情がきっかけとなり発案されました。まず、「京都学派」に対して「東京学派」という呼び方を聞くようになりましたが、東京大学縁の一連の哲学をまとめて「学派」と考えることは可能なのかと問い、そしてこれを「京都学派」と比較してみる意義はあると考えたこと。これが一つめです。二つめは、京都大学における哲学の発展と深いかかわりのある雑誌が『哲学研究』なのですが、この雑誌自体の歴史を見直す必要が出てきたという事情です。そして三つめですが、ちょうどそのような折に、鈴木泉先生から、東京大学で『哲学雑誌』のアーカイヴ化を進め、東京大学の哲学の歴史を見直すという研究プロジェクトが始まるということを伺いました。以上のような三つの事情が重なり、東大―京大が一緒に、近代に始まる哲学史をたどり直すという企画がまとまったのです。

今回の座談会は、『哲学研究』第六百号記念特集号に掲載された「座談会　京都の哲学と『哲学研究』」を下地としています。これは、オーディエンスなしの座談会でした。そこではまだ明らかにされなかったことを、今回もう少し検討してみたいという意図があります。では、過去の『哲学研究』をめぐる座談会の内容を簡単に振り返っておきましょう。

まずこの雑誌は、これからデビューする研究者に発表の場を提供するという意図により作られた、つまり「手習い草紙」であった。これは、実際、若い研究者のみならず、西田幾多郎や田辺元などの「時代を画する研究」を発表した哲学者にとっても同じでした。ですので、掲載された多くの論文は、完全なものというより、次々と研究を進めながら、そのプロセスを見せるような書き方がなされていたというのです。これが本誌の一つの特徴である。このようなことが、話題として出されました。それからもう一つは、当時の京都大学の哲学者たちの気風としてSelbstdenkenということがあり、その書き方、研究の仕方は、『哲学研究』に掲載された論文に反映されていた、そして、彼らは論文を通して相互に批判し、切磋琢磨した、というようなことでした。

その折、東京の『哲学雑誌』はどうなっていたのかということも問われましたが、座談者の中に東京大学の方がいらっしゃいませんでした。今回は是非ご一緒に、二つの雑誌を通して哲学の歴史を振り返ってみたいと思います。本日は、特に『哲学雑誌』がどのようなものであったのかを問う、こちらの方により焦点を当てて、鈴木先生と納富先生から、その辺りについてご説明いただき、藤田先生とともに二つの雑誌を比較してゆくことになります。そして、日本におけるアカデミズムの哲学研究がどのように発展したのか、いくらかでも明かにすることができるのではないかと期待しております。

これから三人の先生方のご報告を拝聴しました後、私からも一つ報告をさせて頂きます。続いて四人の座談会へと移りまして、その後、会場の皆様とともに議論を進めてゆきたいと思います。

＊鈴木先生によるご報告の内容は、「哲学会」と『哲学雑誌』をめぐる科研費研究プロジェクトの概要のご紹介でした。今号には掲載させていただいておりませんが、URLから本研究のプロジェクト概要、および現時点での研究成果の一部をご参照いただけます。

http://www.l.u-tokyo.ac.jp/philosophy/seika.html

（筆者　うえはら・まゆこ　京都大学大学院文学研究科教授／日本哲学）

大西祝の批評主義から見る『哲学雑誌』

納富信留

一　『哲学（会）雑誌』と『哲学研究』の思想史的位置付け

哲学会は東京大学文学部で1884（明治17）年1月26日に創立され、1887（明治20）年2月5日より機関誌『哲学会雑誌』を月刊で発行した。1892（明治25）年6月に『哲学雑誌』に改題し、戦後に年刊に変わって今日まで継続している。京都大学文学部哲学科で設立され京都哲学会が1916（大正5）年4月に創刊した『哲学研究』と共に、学術論文を掲載するアカデミズムの主要メディアとして、日本哲学の発展において基本的な役割を果たしてきた。その意義を比較検討することは、日本における近・現代哲学の発展を検討する上で必須である。

その2誌の意義を考える上では、明治期から様々な思想系雑誌が刊行され、それぞれ役割を果たしていた状況を総合的に検討する必要がある。ここで暫定的に3期に分けて特徴を挙げる。第1期は明治初期で、明六社が発行した機関紙『明六雑誌』が1874（明治7）年4月2日から1875（明治8）年11月14日の停刊まで、月に2〜3回で全43号刊行された。また、小崎弘通ら東京青年会がキリスト教の精神で創刊した『六合雑誌』も、1880（明治13）年10月から1921（大正10）年2月まで続いた。(1) これらの雑誌は啓蒙的な目的を掲げ、福沢諭吉らの「学者識分論争」、小崎弘道らの「インスピレーション論争」など、数々の論争を通じて哲学や社会思想を普及させる役割を果たした。

『哲学会雑誌』はそれに続く第2期の明治後期に位置付けられるが、大学や学会を拠点に、講演会に基づく論考を中心に、海外の議論の紹介する学術的役割を果たした。1897（明治30）年に姉崎正治や大西祝らが設立した丁酉懇話会を母体として1900（明治33）年に発足した丁酉倫理会も、同年5月から『丁酉倫理會倫理講演集』を発行し、1946（昭和21）年519号まで続いた。

京都哲学会が『哲学研究』を創刊した1916（大正5）年4月は第3期の大正期にあたる。哲学会の『哲学雑誌』と意識的に役割を分担しつつ、学術研究の新たな成果発表の場として、より活発な哲学議論を促すものであった。他方で、一般の雑誌も次々に刊行され、広く影響力をもった。1919（大正8）年には改造社が総合雑誌『改造』を創刊し、小説などと並んで社会問題を扱う論考を掲載した。東京大学哲学科出身で岩波書店の創設者である岩波茂雄は、1921（大正10）年に人文科学と社会科学の月刊誌として『思想』を創刊し、今日まで重要な役割を果たしている。また、早稲田大学哲学科出身の佐々木隆彦が社長を務めた理想社も哲学の専門雑誌『理想』を1927（昭和2）年に創刊し、広く哲学の議論に場を提供した。

各時代に哲学者たちがどのような論文をどの媒体に掲載し、それらの間でどのような関係があったかを調査することも今後の課題である。

二　『哲学会雑誌』と大西祝

東京大学文学部哲学科で第10期生（1889（明治22）年卒業）にあたる大西祝は、初期の『哲学会雑誌』に大きな役割を果たした。まずはその関わりを検討しよう。(2)

大西は1864年に岡山で生まれ、同志社で新島襄に学んだ後、東京大学文学部哲学科に入った。学生時代から批評や論文を書いていたが、文学・芸術・宗教に関する論文は『七一雑報』[3]（「基督復活論」等）、『国民之友』（「批評論」等）、『六合雑誌』（「和歌に宗教なし」「方今思想界の要務」等）、『基督教新聞』、『同志社文学会雑誌』（「英国政党の起源」）などに、哲学論文や哲学史概説は『哲学会雑誌』に掲載している。

文学部学生時代の1887（明治20）年に『哲学会雑誌』が創刊されると、すぐに「池塘学人」の筆名で『六合雑誌』に書評を掲載し、おそらくその年度から雑誌編集に関わった。1888（明治21）年8月に哲学会書記に選出されたとの記事がある。第5号（1887（明治20）年6月5日）より無署名で「西洋哲学小史」で古代ギリシア哲学を紹介し始めたと推定されており、1889（明治22）年11月の33号「懐疑学派」まで17回無署名で「雑録」を連載した。[4]大西が筆名入りで寄稿したのは、1890（明治23）年、第39号の「道徳主義ニ就イテ加藤博士ニ問フ」（138～152頁）が初めてであるが、それまでに三十あまりの「雑録」記事を寄稿していたと推定される。

大西が『哲学会雑誌』編集に本格的に関わる1887（明治20）年6月頃に、雑誌編集方針に変化が見られるという。それまでになかったキリスト教徒の論文が掲載され始め（高橋五郎、小崎弘道ら）、「雑録、雑報」欄が拡充、社会的・啓蒙的内容が重視されていく。[5]大西は同志社時代にすでに『文芸雑誌』を作っており、1895年1月『六合雑誌』の編集委員になるように、雑誌の編集に通じていた。

三　大西祝の『哲学会雑誌』批評

大西が「池塘学人」の筆名で書評「哲学会雑誌を読む」を『六合雑誌』74号に投稿した1887（明治20）年2月28日は、『哲学会雑誌』創刊の2月5日からすぐ後であった。このペンネームの主を立教大学の佐藤善也が1978年の論文で大西であると同定し、[6]平山洋が当時の大西の住所「池ノ端茅町」にちなんだ「池塘＝池の堤＝池ノ端」というペンネームを使ったという根拠を示して佐藤説を補強した。[7]この時、大西は22歳で東京大学文学部の2年次であった。事実上のデビュー論文「和歌に宗教なし」を『六合雑誌』に発表する2ヶ月前のことである。

書評では、まず哲学会という学会と『哲学会雑誌』創刊号を紹介する。加藤弘之の祝辞に触れた後、井上円了と三宅雄次郎の哲学論を紹介した。とりわけ三宅が哲学の範囲確定の必要性を説き、「異日必ス此雑誌ニテ大ニ論究シ深ク討尋スル者アラン、諸君其レ之ヲ待テ」（三宅、18頁）としている点に期待を表明する。大西自身はやがて1892（明治25）年11月に『六合雑誌』143号で発表した「哲学問題の範囲」で応答することになる。哲学会については、「此哲学会は我国の哲学研究会の率先なり、此哲学会雑誌は我国の哲学雑誌の先駆なり」と紹介し、注目を促す。また、「我国内に健全なる思想を流通せしめんには健全なる哲学を要すればなり」と述べ、「されば予輩か茲に一二の思考する処を記して哲学会雑誌の注意を仰がんとするも敢て不適当なる事にはあらざるべし」として、日本における哲学の普及のために哲学会と『哲学会雑誌』が果たすべき役割を強調し、応援の態度を示す。

大西が次に展開するのは、「創造の時代」と「批評の時代」という区別とその関係である。文学の歴史における創造の時代には新思想が社会に流通するが、批評の時代は稀なる創造時代の準備をなすものである。この区別は、途中で言及されるようにマシュー・アーノルドの議論に依拠している。(8) まずは当時の文学の状況をこう整理する。「方今我国文学の気運を察するに西洋の新思想を輸入するにのみ汲々として毫も余力なきが如し。今は新思想の種蒔き時にして苅入れの時にあらず。今は批評の時代にして創造の時代は寧ろ未来にありと思はざる可からず」。文学の状況は哲学についても当てはまり、現代は同様に批評の時代にあるという。「当今哲学を学ぶ者は皆舶来の思想をば蓄積する事をのみ力めて自家独得の説をば編み出す事とては毫もなきが如し」。この批評時代という宿命をどう引き受けていくかが、本書評が示唆する方向となる。

ここで大西は、哲学の文体の難解さに話を移す。『哲学会雑誌』発刊という節目に、日本の哲学の現状を反省し、読者に哲学は難解である、「恰も砂を食ふが如し」と感じさせると指摘する。哲学の言葉の難解さに反対すべく、ドイツでかつてライプニッツやヴォルフらが、当時学問の共通語であったラテン語を排斥しドイツ語を用いたことを紹介して、同様の転換を促す。具体的には、「今日我国の哲学書中よりも成るべく漢文のかたくるしきをば攘ひ去るべし」とし、『哲学会雑誌』に対して「雑誌の文体は思ひ切りて之を平易明晰にすべし」と提案する。文体の改革には、中国や仏教の古書から難しい用語を求めるのは無用であり、訳語の工夫が必要である。無理に英語の直訳をする必要はない。これらの具体策は、幕末から明治にかけて漢語による難語が増え、意味を理解しないままに流布している状況への痛切な反省が感じられる。また、欧米語からの直訳に依存する傾向への警鐘もある。『哲学会雑誌』という新たな媒体の登場を契機に、日本の哲学のあるべき方向を模索する態度が見て取られる。そうして『哲学会雑誌』の役割として、「適当なる名義を一定して之を世に示さば世間哲学を語る者の便益少々にはあらざるべし」と述べる。

『哲学会雑誌』は批評の職分を負う。それは「思想の是非を判断して其尤も是なるをば広く世上に布くにあり」とあり、コント、スペンサー、ハルトマンら当時流行の思想をも「批評の法庭に立たしむべし」とする。「如何にせば以て尤も善良なる哲学の思想をば広く我国に流布する事を得べきや」が、考えるべき課題である。

他方で、批評の職分を語るのは、今日西洋思想の輸入と論評を専らとする必要があるためであり、「批評のみを以て哲学会雑誌に望む者と思ふ勿れ」とも述べる。思想の輸入のみに追われては、かつて中国思想に圧倒されたように、今後永く西洋思想に圧倒されてしまう。「哲学会の発起者自ら曰く他日一派の新哲学を組成するに至らば独り余輩の栄誉のみならず日本全国の栄誉なりと。夫れ哲学会の記者は此大望を懐く者なり。此大任を負う者なり。請ふ日本国の栄誉の為に奮起せよ」。こうして、大西は創刊された『哲学会雑誌』に新哲学を創造する旗振り役を期待する。

四　東京アリーナの批評主義・批判主義

大西祝らが哲学会と『哲学（会）雑誌』を舞台に論陣を張った明治期は、西洋哲学の導入と普及が最大の課題であったが、それには健全な批判主義が求められた。大西が先駆となったアーノルドの批評criticism導入は、カントの批判Kritik哲学と結びついて「批評主義」という態度を生んだ。大西は自身多くの批評・論争を惹起し、元良勇次郎とは「倫理学は哲学か」、井上哲次郎とは「教育勅語と宗教」をめぐり、加藤弘之とは「天則」について論争し、井上円了「哲学一夕話」や三宅雄二郎「我観小景」を書評することで、これら先輩たちに論戦を挑んだ。「批評主義」は大西に限られる立場ではなく、この時代の東京の哲学者たちに広く共有されていた。そこに学んだ西田幾多郎も徹底的な批評主義から自身の哲学を生み出していった。(9)

この態度は、東京大学文学部哲学科で教鞭をとった桑木厳翼、中島力造、伊藤吉之助、出隆らに色濃く見られる哲学姿勢であり、時に過度の批判が懐疑主義への傾斜を生んだり、独自の思想体系を構築することを妨げたりする負の傾向にもつながった。東京大学を中心にした哲学者たちの活動を、仮に「東京アリーナ」と称すると、それは互いに批判精神を発揮して冷静に判断しつつ、西洋の哲学を正確に理解して咀嚼する営みであったのかもしれない。それは、大西が呼ぶ「批評の時代」であり、来るべき「創造の時代」を準備するものであったかもしれない。出隆による桑木厳翼らへの批評が、そのまま出自身ら東京アリーナの哲学者たちに当てはまるように思われる。

「桑木先生のは、その講義の仕方そのものが先生の批判主義そのものだったとでも言おうか。……先生の批判主義というのは、そうですな、まあ要するに独断論の反対で、それはつまり、はっきりどうだとも断言しないことで、根は不可知論だろうが、自分の説は自分の説で、これをひとに押しつけようとはしない。これが、しかし、当時の僕にはききめがあった。真理だの、絶対者だの、そう簡単につかめるもんじゃない、自分の説なんておいそれとたてられるもんじゃない、昔からいろいろの学説があるんだから、それをまず知っておけ、大学生はそれらをまず勉強するこった、というのが先生から僕の教わったもので、あやふやと言えばあやふやなこうした態度が、比較的無抵抗にあの昔の「哲学青年」に受け容れられたのは、年の加減でもあろうが、ひとつには、さきにも言ったように、松本先生の講義などから影響されていたからでもあろう。……

とにかく、こうした桑木さんの傾向が、僕にかぎらず、一般に、その後しばらく東大哲学科の学風を京大のと区別したとでもいうか、或いは京大とのちがいを象徴しているとでも言おうか、とにかく京都では、次第に西田哲学とか田辺哲学とかいうのがドグマ的になり、本尊さまができて、その周囲に信徒が集まるが、東京ではめいめい勝手で、体系のできないどんぐりのせいくらべで、よく言えば考証的・批判的だが、悪く言えば洋品の小間物店みたいで、……」（『出隆自伝』「第4夜　東大哲学科の諸先生」80頁）

注

（1）『「六合雑誌」の研究』「六合雑誌」総目次』、同志社大学人文科学研究所研究叢書、教文館、1984年参照。

（2）平山洋『大西祝とその時代』、日本図書センター、1989年、98-108頁に詳細な検討がある。

（3）『七一雑報』は、日本における最初の週刊キリスト教ジャーナル、神戸・雑報社刊。

（4）平山洋の推定。「大西祝全集未収録論文目録」267-269頁参照。

（5）大西の加入による変化については、平山、101頁参照。

（6）佐藤善也『透谷、操山とマシュー・アーノルド』、近代文芸社、1997年所収参照。

（7）平山、99-100頁参照。

（8）佐藤、88-96頁参照

（9） 板橋勇仁『西田哲学の論理と方法—徹底的批評主義とは何か』、法政大学出版局、2004年は、西田の哲学の方法として「徹底的批評主義」に焦点を当てている。ただし、大西との関係やその背景には触れていない。

（筆者　のうとみ・のぶる　東京大学大学院人文社会系研究科教授／西洋古代哲学）

京都学派の形成の過程で『哲学研究』が果たした役割とその特徴

藤田正勝

京都帝国大学に文科大学が開設されたのは明治39（1906）年のことである。最初哲学科・史学科・文学科が作られ、その全体をまとめる学会として「京都文学会」が作られた。その研究の成果を発表する媒体として、明治43（1910）年に『芸文』という雑誌が発刊された。大正時代に入ってから学科ごとの学会が作られ、哲学科を母体に「京都哲学会」が作られた。その創立の時期に関しては二つの記録がある。大正3年11月の『芸文』の彙報には、この年に京都哲学会が作られたとあるが、京都哲学会の機関誌『哲学研究』の創刊号（大正5年4月）の彙報には、この年の2月に「京都哲学会発会式」が執り行われたとある。

この学会の特徴としては、「広く会員を全国に募る」とともに、哲学や心理学、倫理学、美学など、哲学科の諸講座の枠を超えて活動を行ってきたという点にある。内に向かいがちな目をあえて外に開き、学問の枠を超えて、人間の知の可能性、学問の協働の可能性をめぐって議論を重ねてきた点にその特徴がある。その点で『哲学研究』は大きな役割を果たしたと言うことができる。

『哲学研究』の創刊に深く関わった西洋哲学史講座の朝永三十郎は、「『哲学研究』の発足」と題したエッセー（『哲学研究』第400号所収）のなかで創刊の事情について次のように記している。「『哲学研究』が創刊されるやうになつた動機――といふ御尋ねですが、それは当時一部に噂されてゐたやうに、〔東京の『哲学雑誌』に対抗して」京都側の新進の元気を示してやらうといふやうな野心のわざでもなく、こちらの連中のあり余つたエネルギーのはけ口を求めたといふのでもありません。京都の哲学科も創められておほよそ十年になり、教師の顔も一通り揃ひ、卒業生の数も次第に殖えて行くにつれて、其等の卒業生諸君及び教師自身の手習草紙といふ意味のものが欲しくなつた結果に外なりません」。

この「手習草紙」という言葉が、この雑誌の性格をよく示している。しかし、それは水準が低かったということではない。大正5年（1916年）4月の創刊号の巻頭を飾ったのは西田幾多郎の長編の論文「現代の哲学」であったし、第2号には田辺元の「普遍に就いて」が発表された。西田が独自の哲学を打ち立てたと言われる論文「場所」も『哲学研究』に発表された。

100年以上にわたる『哲学研究』の歴史をふり返って、どこにその特徴があるかを考えてみたい。

（1）まず、「手習い草紙」という朝永三十郎の言葉が示すように、『哲学研究』には、まだ荒削りなもの——西田幾多郎が『自覚に於ける直観と反省』で使っている表現で言えば、「悪戦苦闘のドキュメント」であるようなもの——が発表された。しかし、それはのちに大きな思想に発展していったし、まさにそれが作り上げられていくプロセスが若い研究者たちに大きな刺激を与えた。

長く『哲学研究』の編集に携わった澤瀉久敬は、その第400号の記念号に発表した「編輯の思い出」というエッセーのなかで、次のように述べている。単行本よりも、むしろ『哲学研究』に発表された短論文のなかに「時代を画する研究」が盛り込まれていた。「『哲学研究』は日本の哲学思想誕生の器である」。実際、『哲学研究』は西田幾多郎の『善の研究』以後の思想（『自覚に於ける直観と反省』、『働くものから見るものへ』の「場所」の論理）が作りあげられていった場所であり、田辺元の「種の論理」が形成されていった場所であった。

それらは最初、必ずしも完成した思想ではなかった。むしろ、現在進行形の哲学であった。そして、いま言ったように「悪戦苦闘のドキュメント」であった。『哲学研究』はそれをそのまま載せる場所になった。しかし、そこから従来にない新しい思想が生みだされていったと言うことができる。

（2）そういう教師たちの苦闘とも関わるが、彼らと彼らの周りに集まった弟子たちとが作り上げた集団が、いわゆる京都学派であった。その特徴の一つとしてSelbstdenkenの尊重を挙げることができる。そうした態度がこの『哲学研究』にも反映している。

このSelbstdenkenという言葉、つまり「主体的に思索する」という言葉は、西田や田辺の弟子たちによって使われた言葉であるが、その背後には、西田幾多郎自身が信条としていた態度・考え方があった。西田はたとえば、弟子の木村素衛がフィヒテの『全知識学の基礎』という著作を翻訳したときに、その序文を執筆しているが、そこに次のような文章が出てくる。「私は常に思ふ。我々の心の奥底から出た我国の思想界が構成せられるには、徒らに他国の新なる発展の跡を追ふことなく、我々は先づそれ等の思想の源泉となる大なる思想家の思想に沈潜して見なければならぬ。そしてその中から生きて出なければならぬ」。

まず「徒らに他国の新たなる発展の跡を追ふことなく」と言われている点がおもしろい。戦後も、そして現在も、外国のもっとも新しい思想を誰よりも先にすばやく紹介する人がすぐれた哲学者だというような雰囲気が日本にはあるが、そういった流行の後追いという現象が、すでに西田幾多郎の時代にもあったことをこの言葉は示している。それに対して、西田はそのように流行を追う態度をはっきりと戒めている。そうではなく、古典に深く沈潜する必要性を強調している。しかしおもしろいのは、そのように古典の大切さを強調するとともに、他方で、そこから「生きて出なければならぬ」というように、そこにとどまるのではなく、そこから出て、生きた思索をすることとの大切さを強調している点である。西洋の古典的な哲学に沈潜するだけでなく、同時に、自ら思索することを西田は弟子たちに求めたのである。そういうところから Selbstdenken ということが、西田の弟子たちのあいだで標語のように語られたのだと思う。

弟子たちもそういう主体的な思索に基づく論文を『哲学研究』に発表していった。ただ、戦後になってからのことであるが、そういう思索のスタイルに対して批判が出されたことにも触れておきたい。古代ギリシア哲学の研究者であった田中美知太郎が、西田や田辺らの哲学に対して厳しい批判の言葉を浴びせている。西田らの思索について田中は、たとえば「雑然たる読書の刺激によって生じた感想や思いつきを綴った、いわゆる悪戦苦闘のドキュメント——実は一種の読書ノオトにすぎないもの」（『ロゴスとイデア』「あとがき」）と記している。

哲学と文献学とは、古い時代から互いに批判しあってきたが、そういう対立がもっとも典型的に現れた一つの例であると言えるかもしれない。ここで言われていることは、もちろん哲学と文献学とのあいだの対立という問題に尽きるのではなく、「哲学はどうあるべきか」ということにも深く関わる問題だと言うこともできる。

（3）京都学派の大きな特徴の一つは、相互に批判を許しあう関係であったという点にある。『哲学研究』はそういう相互批判の場所になったと言うことができるであろう。

『哲学研究』の歴史のなかでもっとも重要な意味をもった論文は何かと言えば、おそらく昭和5年（1930）の第170号に発表された田辺元の「西田先生の教を仰ぐ」がそれであったと言えるのではないかと思う。

ここで田辺は自分の前任者であった西田を厳しく批判した。その批判の根本の点は、西田が絶対無の自覚という宗教的体験から出発してそれを哲学の原理として立て、その自己限定として諸々の段階の一般者とそこにおいてある存在とを理解したという点、言い換えれば、西田の哲学がプロチノスの哲学と軌を一にして、発出論に陥るのではないかという点であった。

哲学が絶対的なものを立てることは田辺も認めるのであるが、それは「与えられたもの」としてではなく、あくまで「求められたもの」として、言いかえれば要請された「理念」として立てるべきではないか、というのが田辺の主張であった。西田はこれに直接反論する論文は書かなかったが、しかしそれ以後、田辺が問題にした「行為」や「歴史」の問題をめぐって思索を深めていった。

この両者の論争は、西田と田辺の共通の弟子であった人たちに大きな驚きを与えた。澤瀉と同じように、『哲学研究』の編集に長く携わった中井正一は、第４００号に発表した「回顧十年」というエッセーのなかで、「この田辺博士の師に対する肉薄と対決を、私達は悲壮なる思ひをもつて、見まもり、息をのんだのであつた」と記している。田辺は弟子たちの前で西田哲学に対する批判を行った際に、いつもアリストテレスのAmicus Plato, sed magis amica veritas（プラトンは慕わし、されど真理はさらに慕わし）という言葉を語ったという。それに対して西田は、務台理作宛の書簡で、「田辺君の論文、誠に真摯な態度にして学界実にかゝる気分の盛ならんことを切望に堪へませぬ」と記している。このような態度が京都学派の哲学の大きな発展につながったのではないかと考えられる。

（4）『哲学研究』は、このように議論を共有し、相互に批判を行い、それを通して研鑽を行う場所を提供した。その点に『哲学研究』が果たした大きな役割があると言うことができる。そういうところから多くの弟子が育ち、いわゆる京都学派が大きくなっていったわけであるが、そこにあった教師と弟子たちとの関わりを下村寅太郎は「密度の濃さ」という言葉で表現している。

下村は東京文理科大学（のちに東京教育大学となった）で長く教鞭を執った人であるが、『哲学研究』の５００号に発表した「回想」というエッセーのなかで、東京と京都の雰囲気を比較して次のように述べている。「京都に生れて、歳四十歳にして初めて故郷を離れた。……東京に移り住んで、京都の師友から切り離されて、大都会の中に孤りを感じたが、同時に解放をも感じた。しかし京都を離れて初めて京都の空気の密度を感じた」。そしてこの

「密度」についてさらに次のように語っている。「〔京都では〕巨峯の谷間にゐたが、此処は平原である……「開いた」気分を感じた。しかし同時に、東京には京都に於けるやうな密度の濃い結びつきが人々の間にないやうに感じられた。何処にも中心がない。学問的密度の希薄さを感じたのはそのためかもしれない。京都では先生たちが厳然たる中心であった。東京にはそのようなものが存在しないやうであった。人々は師について談ることは稀れであった。……このことは同時に京都の閉じた気分を追想せしめた」。

京都には「中心」があったというのは、言うまでもなく、西田幾多郎と田辺元の存在を指してのことである。この強烈な中心の存在と、その強烈な存在の故に「密度の濃い結びつき」が存在したということが言われている。それをめぐる人たちの強い結びつきがあったために、「京都学派」という言い方がなされるようになったと言うことができるであろう。しかし他方で、下村が「京都の閉じた気分」とか、「京都の気分の重々しさ」といった表現をしている点も興味深い。下村は西田の弟子として京都大学の中核に位置する人であったが、同時にその「外」に立って、京都学派の動向を冷静に——やや冷ややかに——見ていたと言えるかもしれない。しかしいずれにせよ、この下村の言う「密度」を京都学派の特徴の一つに挙げることができる。その「密度」を形成する場となったのが『哲学研究』であったと言うことができるであろう。

（筆者　ふじた・まさかつ　京都大学名誉教授／日本哲学史）

京都学派最盛期の『哲学研究』を支えた中井正一

上原　麻有子

哲学研究の発展のために不可欠な媒体、それが雑誌であると考えられるが、京都学派の誕生と成長は、やはり『哲学研究』に負うところが大きかったのではないか。そのことを確認するために、この発表では、学派成立直前から最盛期、つまり一九二〇年代後半から一九三〇年代に焦点を当てて、『哲学研究』がどのような役割を果したのかを具体的に描き、そこから第六百号記念特集号では、取り上げられなかった本誌の特徴を示してみたい。京都学派にとって重要な時期であったと言えるこの約十年間、編集者として雑誌を支えたのが中井正一であった。この中井の役割にも注目し、言及しておく必要があろう。

一　『哲学研究』の成立とそれを支える体制

著者は、二〇一八年度より京都哲学会の活動の企画と『哲学研究』の編集を担当している。[1]また折しも京都大学の付属図書館が本学の紀要電子化という事業を開始したため、その一環として、『哲学研究』の全バックナンバーの在庫を確認する必要が出た。大量の雑誌が倉庫に未整理のまま散らばっていたが、文学研究科宗教学専修の浦井聡さん、ほかの学生さん、日本哲学史専修の私の学生たちの協力により、バックナンバーの在庫がすべて整理され、電子化の一部が、おそらく今年度中に実現するというころまで進めることができた。たまたま担うことになった役割だが、『哲学研究』の歴史に強い関心を抱くに至ったのである。

先行研究などで、すでに何度となく言及されていることであるが、ここでも、まずは雑誌発足の事情や編集体制などを確認することから始めることにする。

京都哲学会と『哲学研究』

『哲学研究』創刊号（第壹巻第壹册第壹號）の「京都哲學會規則」によれば、京都哲学会は「廣義ニ於ケル哲學の研究及其普及」を目的とした学会であり、[2]一九一六年（大正五年）に「京都大学文学部の旧哲学科を母体として設立」された。雑誌『哲学研究』は、同年四月一日に創刊。月刊誌として出発し、この年のうちに九号まで刊行された。雑誌創刊の目的は、若手研究者の論文発表の場を作るということにあったようだ。[3]

編集体制

創刊号の「京都哲學會規則」には、「本會事業所ヲ京都帝國大學文科大學内ニ置ク」、[4]「本會ノ事業ヲ經營スル爲メニ左ノ役員ヲ置ク」との記載がある。この「役員」とは、「京都帝國大學文科大學哲學科教官及委員會ニ於テ推薦シタル者」である。これらの「委員（若干名）」により委員会が構成され、さらに「委員會ニ於テ囑託」する「書記（一名）」が置かれた。編集は、この委員と書記が担当していたらしい。

また創刊号の記載を見ると、役員は次の通りである。

委員　［文學博士］西田幾多郎、朝永三十郎、狩野直喜、高瀬武次郎、松本文三郎、深田康算、藤井健治郎、小西重直
［文学士］千葉胤成、中川得立、[5]植田壽藏、深田武、米田庄太郎
書記　寶嚴方治

編集の方針

「初號の編輯に就き」によれば、「本誌は原則として、最低百十二頁から最高百二十八頁 迄位の中に論説、雑録、彙報、内外哲学界の近況、新著紹介などを適宜に排置する方針」であった。しかし実際は、論文の分量は予想以上に充実したものとなったようである。本号は「論説の紙數が大分豫定を超過した爲めに、已むを得ず雑録以下の場所を狭める事とした」という。

編集者の努力

編集の負担は大変大きなものであった。かつての編集担当者等による回顧録にしばしば記載されているので、知られていることだが、澤瀉久敬が、一九八四年に刊行された『哲学研究』に「第五五〇号発行を祝して」(6)というエッセーを寄稿しており、そこに記した彼の記憶をここにあらためて引く。「日本の哲学の発展に大きな貢献をした本誌を、蔭にあって育て上げた歴代の編集者の苦労は、一般読者の想像以上であったと思う。私が学生時代特に親しくしていただいた中井正一さんが『哲学研究』の編集に傾けられた努力と熱情は、ひしひしと私にも感じられた。日本の哲学は『哲学研究』が引き受けたとの気概に中井さんは燃えていた。それは同氏一人のことではない。歴代の編集者は誰もがそうであった。現在本誌の編集者は酒井修教授である…、私が以前に編集者であったことから、幾度となくお手紙をいただいたが、その書面に窺われる教授のご苦労やご努力は、おそらく他の教授がたの推察を遙かに越えるものと私は思っている」。

二　編集者、中井正一

澤瀉の言葉の中に、中井正一の名前が出たところで、次に編集者、中井と彼が見た編集の実状について報告する。

編集担当期間

情熱をもって編集に尽力した中井が編集者として活躍したのは、一九二五年（大正十四年四月）の百九号（推定）から一九三七年（昭和十二年十月）の第二五九号刊行までの期間であったという。京都帝国大学文学部哲学科を卒業した一九二五年、『哲学研究』の編集主任となった恩師、深田康算から、中井は「事務」担当を命ぜられ、前任者の高坂正顕から引きつぐ。[7] その後十年以上にわたり、深田没後も何代かの編集主任に仕えた。

中井は、一九五一年二月発行の第四百号に「回顧十年―思いいずるままに」というエッセーを寄せ次のように述べている。「…卒業したばかりの私には、それがいかに重大な学界の責任を負わされたのか何も知らずに、ただつつしんで命を受けたまでであった。…数代の編集主任につかえながら、夢のように過ごした。昭和一二年の反ファッショ運動弾圧に連座し、中立売署の特高主任の室で、いろいろの辞表を書く時、この『哲学研究』の辞表だけはつらかった。こんなに自分の骨身に喰い込んでいたかと、ひそかに涙ぐんだ」。[8] 重責である編集の仕事が、中井の存在自体と、そしておそらく中井の哲学研究とも一体となっていたであろうことを思わせる文章だ。

これは、他の編集経験者らにとっても似たようなものであった。例えば、澤瀉は「わが子のように本誌がいとしい」と書いている。「八年間、自分の研究は全く停止し、『哲学研究』の編集に文字通り専念した」。期日通りに論文が提出されないこともしばしばあり、一度は、澤瀉自身が埋め合わせのための論文を一つ、「二十四時間で書き上げた」のだという。あるいは、執筆者宅へ「上り込み、座敷に正座したまゝで夜を徹し」原稿を待ったとも。[9] まさに本誌刊行最優先で生活していた様子が、垣間見られる。

中井正一が「京都哲學會役員」のリストに名を連ねたのは一九三七年までであり、翌年の号にはもうその名を見つけることができない。寂しいかぎりだ。中井が「『哲学研究』を去った」理由は、治安維持法違反の疑いで検挙され、「三年間自由を失」ったということであった。彼は京大文学部講師の職を解雇された。また「学界」からも

「追放」され、「俗塵への顚落、さらに…遠く京都の地を流離してしまった」のである。(10)

ここで、中井が編集を担当していた時期を中心に彼の略歴を見ておこう。哲学研究者、時代の先をゆく美学の提唱者、社会運動の中に入り込んだ活動家、そして何より「雑誌編集者」という顔をもつ中井の活動を確認しておきたい。

中井正一（一九〇〇‐一九五二）の略歴(11)

一九二二年　京都帝国大学文科大学（文学部）哲学科（美学専攻）に入学。指導教授は深田康算。

一九二五年　同大学卒業。卒業論文「カント判断力批判の研究」を提出後、大学院に進学。京大哲学会委員を嘱託され、一九三七年まで『哲学研究』の編集者を務める。

一九二九年　「機械美の構造」が岩波の『思想』に掲載される。

一九三〇年　雑誌『美・批評』を創刊。色彩映画『海の詩』、16ミリ映画『十分間の思索』などを多数製作。

一九三三年　京都帝国大学で瀧川事件が起こる。中井は文学部を中心とした学生の抵抗組織の中心となる。抵抗運動挫折後、新たな同人を加えて第二次『美・批評』を発行。「反ファッショ文化情報」欄を一つの力点とする。

一九三四年　京都帝国大学文学部講師に就任。

一九三五年　『美・批評』を「拡大・発展」させた『世界文化』を創刊。中井は編集者の一人。

一九三六年　『土曜日』（週間新聞）の創刊。市民・勤労者のためのタブロイド判、「反ファシズムの同人グループ的文化新聞」。(12)中井は責任者の一人。

一九三六年　中井の哲学研究を代表する論文である「委員会の論理」を『世界文化』一月号—三月号に発表。

一九三七年十一月　『世界文化』『土曜日』等の活動が、反戦・反ファッショ文化人民戦線運動であるとして、治安維持法違反の疑いにより検挙される。
一九四〇年　懲役二年、二年間執行猶予の判決を受ける。
一九四八年　国立国会図書館副館長に就任。
一九五二年　激務と心労のため胃癌で死去。享年五十二歳。

中井の編集と執筆

ここでは、雑誌編集とは具体的にどのようなものであったのかを、編集者、中井の記述から探る。当時の『哲学研究』の特徴が、そこに見えてくるはずだ。

中井は、「回顧十年」で次のように述べている。「一〇年間の編集で思い出とならない論文はないくらい、一つ一つ精選もしまた憎まれもした」[13]。この言葉から、寄稿数が多かったであろうこの時期、受け取った論文をすべて掲載できるわけではなく、採用すべきものを精選していたことが分かる。これは一種の査読であったのかもしれない[14]。また、舩山信一の回顧、「『哲学研究』と私の係わり合い」から知れるように、希望者が論文掲載を依頼するケースもしばしばあっただろう。舩山は「私が次々と論文を持ち込むので中井氏は「またか」と困惑を示されることもあったが、突き返されたり、没にされたりしたことは一度もなかった」と記している[15]。

さて、一九二二年よりドイツへ留学中の三木は、ハイデガーの『存在と時間』刊行以前、一九二六年に逸早く、「問の構造―解釈学的研究」を投稿してきた[16]。中井はこう回顧している。「『問の構造』というテーマは、その斬新さにおいて、私たちは驚倒したものであった」が、「"Sein und Zeit" が数ヵ月後に手に入ってみると、そのプレリュードのようなものであったのは、何かくやしい思いをしたものである」[17]。この言葉をどう解釈したらよいか。

三木による「問」というテーマの展開は、『存在と時間』の中では、第二節「存在への問いの形式的構造」に対応していることが分かる。嶺秀樹によれば、「問の構造」は、遡って、三木がマールブルクで聴講したハイデガーの「一九二三—二四年冬学期の講義」に、「全面的にと言ってよいほど…依拠している」。日本での三木周囲の反応は、「問の構造」は、一九二七年発表の「解釈学的現象学の基礎概念」（『思想』第六十三号）とも併せて、ハイデガーの「人間的現存在」の思想から強い影響を受けて出されているが、三木の独自性が見られるという捉え方であったようだ。(18) 若手哲学者同士、相手の研究動向が気になるのは当然で、中井としては、ドイツから最先端の思索を発表しようとした三木に先を越された、という競争心に駆られたであろう。(19) それを後年、「プレリュードのようなもの」と美しく表現したのだ。

一方、中井は、当時日本では「三ヵ月を争うほど、学界の動きがあったのであった。東京に負けまいという若いものたちの張気は、日に日に進むこの学界の勢いを反映していたといえる」と書いている。(20) 京都学派の哲学者らが、東京大学の哲学界をライバル視していた様子が伝わってくる。東京と京都の両哲学界の間には、現代では感じられないような競争があり、編集の舞台裏を知る中井はそれを目の当たりにしていたのだろう。

『哲学研究』の編集委員であり優秀な論文を発表する少壮美学者」(21) として知られた中井は、かなり精力的に執筆もした。以下、編集担当期間中、『哲学研究』に掲載された中井の論文と書評を示す。

論文

「カント第三批判序文前稿について」（一三六号、一九二七年七月号）、「言語」（一三八号、一九二七年九月号一四五号、一九二八年四月号）、「発言型態と聴取型態並にその芸術的展望」（一五五号、一九二九年二月号）、「意味の拡延方向並にその悲劇性」（一六七号、一九三〇年二月号）、「機能概念の美学への寄与」（一七六号、一九三〇年十一月号）、「カントに於けるKritikとDoktrinの記録について」（一八三号、一九三一年六月号）

ここにカントの『判断力批判』に関する研究が二つあるが、一三六号掲載のカント論は、中井の学界デビュー作である。この研究が生まれた背景を見ておこう。ドイツでは『判断力批判』の「序文前稿」が初めて完全版となり、これを収めたカッシーラ編集の新版『カント全集』が刊行された。そしてカッシーラの『カントの生涯と学説』(一九二三年)は、ドイツのアカデミーの世界では重視された。一方、京都大学では、カント学者の権威とされていた田辺元が、『判断力批判』を主に扱った『カントの目的論』(一九二四年)を出版し、「学界に大きな影響を与えた」。また深田は、岩波書店刊行の『カント全集』に所収される予定の『判断力批判』の翻訳を準備していた。[22]中井は、当時このような環境の中で「カントの第三批判序文前稿について」を発表したのである、「言語」と「発現型態」は、一九三六年に発表される「委員会の論理」を準備する論文と見なされる。「意味の拡延」は中井の芸術・技術論につながる。そして「機能概念」は、カッシーラの「機能概念」を再解釈した論文で、中井の新しい美学、技術論展開の基礎を作った。

書評〔「新刊紹介」の欄〕

「ヨハンネス・フォルケルト著『悲劇美の美学』〔金田廉 訳〕(一一四号、一九二五年九月号)、「三木清著『パスカルにおける人間の研究』(一二五号、一九二六年八月号)、「戸坂潤著『イデオロギーの論理学』」(一七三号、一九三〇年八月号)、「宗藤圭三著『統計学原理』」(一八三号、一九三一年六月号)、「柴田寅三郎編『手島堵庵全集』」(一八三号、一九三一年六月号)、「田辺元著『ヘーゲル哲学と弁証法』」(一九三号、一九三二年四月号)、「三木清著『歴史哲学』」(一九四号、一九三二年五月号)、「亀井高孝・野上豊一郎・石原純編『岩波 西洋人名辞典』(二〇五号、一九三三年四月号)

第一八三号には、カント論と書評二本を寄稿しているが、その仕事ぶりに注目したい。中井は「三ヵ月を争う」動きの速い学界の中で、優れた研究を迅速に選別する編集者の才能を十分発揮していたと言えるだろう。例えば、

『パスカルにおける人間の研究』（一九二六年六月）の書評では、次のように述べている。「ハイデッガーを創始者とする解釈学、しかも彼がいまだそれについての著書をもっていない以上、それによって研究されたる本書は、日本における彼の方法についての最初の紹介書である誇りをもつことができるであろう。ともあれ、純粋意識、あるいは純粋知覚のごとき抽象的概念に疲れはじめた、日本の若き思惟者たちに贈られたるこの贈物が、はたしていかに受けいれられるかについて、私たちは深い興味をもたずにいられない」。(23)

三　『哲学研究』と京都大学

田中美知太郎の回想、「『哲研』に書いたもの」によれば、「おそらく一九一〇年代後半にはそうであったと推測されるが」、「当時の京都大学は哲学のメッカの観があり、機関誌の『哲学研究』は言わば晴の舞台として全国的な注目を集めてゐたのである」。そして田中のように、若者たちは書店で「田中の場合は東京の書店で」、『哲研』を手にし、講義題目や卒論のリストを見ながら」、京都大学を選び、そこで学ぶことを目指したということらしい。(24)『哲学研究』は、研究論文発表の場であると同時に、哲学に関する様々な情報を提供する役割も担っていたと言える。哲学界を活性化し、京大へ若者をひきつけるための媒体として機能していたのではないか。

編集者、中井がいた頃の京都の学界

「この一〇年間の京都の学界は、まことに百花撩乱の時代でもあった」と、中井は振り返る。一九二八年に、西田幾多郎は定年退職。中井は、以下のような名前を挙げている。深田康算、朝永三十郎、波多野精一、藤井謙治郎、小西重直、松本文三郎という教授陣のもと、「少壮気鋭の助教授講師陣、天野貞祐、田辺元、和辻哲郎、山内得立、植田寿蔵、小島祐馬、九鬼周造」が「星のごとく輝」き、それをとりまく若手に「三木清、戸坂潤、西谷啓治、高坂正顕、木村素衛ら」が、その下の世代には「下村寅太郎、高山岩男、真下信一、淡野安太郎」らがいた。先生たちの家に集まっては議論をしたのだという。例えば、「田辺博士の土曜日の訪問日は、きらびやかなゼミナールにも等しかった」と中井は書いている。(25)

京都学派と『哲学研究』にとって、西田幾多郎の存在は何よりも重要であったはずだ。創刊号の巻頭を飾ったのが、西田の長篇論文、「現代の哲学」であった。山内得立によれば、「現代哲学の特色が鮮やかに描出せられ、よくまとまった上に溌剌たる意気込みがあって人々を瞠目せしめたものである。他人の思想を紹介するにもやはり自分に何ものかがなければ出来ないものだということが先生によって示された」。ここでの「現代の哲学」とは、「主としてドイツ哲学」であり、そこに新カント学派の哲学とフッサールの現象学があることを紹介している。この取上げ方は、山内によれば「西田教授を以て嚆矢とする」。『哲学研究』の創刊は、西田にとっても「一転期をなした」のである。『善の研究』の思想的背景にあったのは「主として英米の心理学」であり、西田の「ドイツ哲学の本格的な研究が初まった」のは、京大着任（一九一〇年）後ということになる。(26)

また、一九二〇年代後半から昭和の初めにかけて、西田哲学は頂点に達していた。哲学科には定員七〇を超える志願者があり、大半は西田にあこがれた「純哲志願者」であったという。(27)

四　西田・田辺論争

最後に、中井から見た田辺元の哲学と西田・田辺の論争を簡単に紹介しよう。中井の文章には、やや西田より田辺を支持する傾向が感じられるのであるが、例えば、田辺元著『ヘーゲル哲学と弁証法』の書評においては、次のように述べている。「この即物弁証法の立場は、唯物弁証法の荒いいぶきの中にあって、特殊の立場として今後の弁証法の観点の一モニュメントとなるであろう。…いわゆる古き観念論に満足するあたわず、さりとて唯物論にも趨くあたわざる、進歩的にしてしかも抽象を避けんと欲する青年思想家にとって、それは一つの帰着点であり、また一つの出発点ともなるであろう」[28]。

中井は、「絶対無」をめぐる西田・田辺論争の要点を回想している。「西田先生の教を仰ぐ」が、一九三〇年、『哲学研究』第一七〇号に発表された。中井によれば、田辺は次のような疑問を呈したのである。「［西田博士の］絶対無の自己限定の立場が窮極において発出主義に導く恐れなきか、哲学はかかる絶対観照の直観に対応する構成を避けて、二元相対の統一化の過程的立場に留まり、絶対的なるものはただ理念として要請せられるほかなきにあらざるか」[29]。しかし、西田はこれに答えず、翌年の『哲学研究』第一八四号で、絶対無について「われわれの自己は自己の中に時を包み、各人は各人の時をもつということができる」という主旨のことを述べた。これは中井の理解であるが、西田博士は、田辺博士の「肉迫と対決」に対して「軽くあしらわれたのである」[30]。

西田の「体系」（一般者の自覚的体系）に対して、田辺は「行為の媒介」という概念を立てた。それは、一九三七年の『哲学研究』第二五九号に寄稿した、「種の論理の意味を明にす」においてである。中井の関心は、田辺の説明の次の点にあった。「行為は…表現的存在を否定するところに成立する…。実存哲学における無が、解釈せられたる無であり、行為は決断の可能にとどまる」のである。むしろ「行為の媒介が肯定否定の間を統一するによって、論理の概念が存在の形成原理となる」。

中井はこの「行為の媒介」という問題を評して、「ファシズムに反対して、政治実践に行為をもってつっ込んでいた少壮の学徒にとっては、一つの大いなる示唆の意味すらもっていた」と述べている。そして、田辺の「否定の深淵を越えさせる何らかの媒介」[31]という疑問に、死によって応えたのが、「行為して、無に躍入した三木清と戸坂潤」であったのだ。彼らの死は媒介であったと、中井は理解したのではないか。

中井自身は、「この論文の校正を最後に」、京都を離れた。私が田辺の「行為の媒介」などをめぐるエピソードに紙幅を割いたのには、理由がある。私見によれば、「委員会の論理」で展開された集団主体の立場と独自な弁証法には、田辺の弁証法と媒介の思想が深く影響している。中井は、哲学者としてまた編集者として、西田・田辺論争を「悲壮なる思い」で見守ったのだ。中井は、三木、戸坂とは異なる方法で、つまり「委員会の論理」という哲学論文を通して、田辺が西田に向けて発した「行為の媒介」という疑問に答えたのかもしれない。

注

（1）雑誌には『哲學研究』と旧漢字で記載されているが、本稿では新漢字を採用する。

（2）『哲学雑誌』の刊行目的は、これとは異なるものであったようだ。高峰一愚「『哲学研究』回顧」（『哲学研究』五百五十号、六〇八）を参照。高橋は一九三〇年、東京帝国大学文学部哲学科を卒業。帝京大学教授。日本カント協会委員長。この「回顧」の中で次のように述べている。「東京大学哲学科第一回卒業生井上円了の奔走によって明治二十年二月『哲学会雑誌』が創刊された時、哲学会々頭加藤弘之は…「各派其学会を設立して相い競争する如きは固より思ひも寄らぬ事と云はざるべからず、是を以て今日に於ては印度哲学者も支那哲学者も西洋哲学者も皆相合して此一哲学会を組成して其中に於て互に相研究するを以て足れりとせざるを得ざるなり云々」と言った。『哲学会雑誌』は五年後『哲学雑誌』と改称され月刊雑誌として昭和二十年一月まで続いた。…「各派其学会を設立して相い競争する」気運は数十年を待たずして将来せしめられた」。

（3）「京都哲學会のページ」（http://www.bun.kyoto-u.ac.jp/western_philosophy/wph-kps_top_page/）朝永三十郎「『哲学研究』の発足」（第四百号）。「座談会　京都の哲学と『哲学研究』」（第六百号）、八十九。

（4）「文科大学」は正式名であるが、通常「文学部」と呼ばれる。

（5）山内得立のことである。中川は旧姓。

（6）『哲学研究』第五百五十号、六〇二。

（7）中井正一「回顧十年―思いいずるままに」『中井正一全集』（NMZ）第一巻、美術出版社、一九八一年、三四九、三五三。

（8）同右、三四九―三五〇。

(9)『哲学研究』第五百五十号、六〇二―六〇三、前掲。
(10) NMZ 1、三五五、前掲。
(11)「中井正一略年譜」(NMZ 4、一九八一年、三七二―三七五)から抜粋。
(12)『「土曜日」について』で久野収が使った表現。中井正一『美と集団の論理』久野収編、中央公論社、一九六二年、一九五。
(13) NMZ 1、三五一。
(14)『哲学研究』第六百号記念特集号の座談会では、「査読はなかった」ということが話題に上った。日本では査読制度がいつからどのように導入され始めたのか、不明であるが、少なくとも『哲学研究』や『哲学雑誌』にその嚆矢を見ることは難しい。
(15)『哲学研究』第五百五十号、六〇五、前掲。
(16)『哲学研究』第百二十四号・一九二六年七月、第百二十八号・一九二六年十一月に掲載。これは、『哲学研究』第五百号記念特集号の「哲学研究総目次(自第一巻　至第四十三巻)附　執筆者別索引」で確認した。しかし『三木清全集』第三巻(岩波書店、一九六六年)の「後記」では、各号それぞれ「大正十五年九月、および昭和二年一月号」に掲載とされている。
(17) NMZ 1、三五一。
(18) 嶺秀樹「ハイデッガーと若き三木清」『人文論究』68―3、関西学院大学リポジトリ、二〇一八年、四―九。
(19) 嶺は三木の思索をハイデガーの『存在と時間』および「一九二三―二四年冬学期の講義」に照らして仔細に比較検討し、個人的におそらく入手したハイデガーの講義録の活用について、その曖昧なところを突いている。三木の「問の視点を導くもの」としての「関心」の論じ方は、「ハイデッガーの講義の中で「関心の特徴的契機」が分析される箇所(第一二節)にかなり対応しており、三木の議論がハイデッガーの剽窃として疑われても仕方がないところである」と述べている(嶺、同右、八)。出典を明記するなどの学術的習慣が、当時は今のようではなかったことを鑑みると、中井の「くやしい思い」がこの「剽窃」への疑いをも含意していたとは言えないが、想像してみたくはなる。
(20) NMZ 1、三五一―三五二。
(21) 酒井悌(国立国会図書館顧問)「副館長就任まで」『付録』NMZ 4、一九八一年、十七。
(22) 久野収「解題」NMZ 1、四六八。

(23) NMZ 1、三六四―三六五。
(24) 『哲学研究』第五百五十号、五九六、前掲。
(25) NMZ 1、三五〇。
(26) 山内得立「『哲学研究』の初めの頃」『哲学研究』第五百号、二七五―二七六。
(27) 藤田貞次（東京書籍取締役）「『美・評論』『世界文化』『土曜日』の誕生前後」『付録』NMZ 2、一九八一年、十四。
(28) NMZ 1、三七九―三八〇。
(29) 中井「田辺元著『ヘーゲル哲学と弁証法』」NMZ 1、三七八。
(30) NMZ 1、三五二―三五三。
(31) 田辺は「種の論理の意味を明にす」（『田辺元哲学選』I、岩波文庫、二〇一〇年、三六四）で、次のように述べている。「有は無でなく、無は有でない、この否定の深淵を越えさせる何らかの媒介があるのでなければ、両者の統一は成立することができる筈が無い」。

（筆者　うえはら・まゆこ　京都大学大学院文学研究科教授／日本哲学）

座談会　日本におけるアカデミズムの哲学史—『哲学雑誌』と『哲学研究』の比較分析

登壇者・来場者による質疑応答

四名の登壇者による報告に続き、登壇者の間で座談が行われ、登壇者が来場者からの質問を受けた。以下はその記録である。

一　登壇者の間の対話

上原麻有子〔司会〕　では、座談会に移りたいと思います。今日の四つの提題に基づいて、まず座談者の間で質疑応答をしてみたいと思います。鈴木先生、お願いいたします。

鈴木泉　色々な話がでてきたので順番に整理して質問とか出来ないですけれども、まず一つ感想からいきます。これは半ば冗談ですけれども、戦後の東大がある種の哲学者たちを輩出したのはどうしてだろうかというのが、こういうことをはじめた一つのきっかけだったのです。それを考えた時に、いわゆる京都学派と東京スタイルといいますか、その関係を正確に語るのは難しいですし、大きな違いはあるけれども、ある種の反復性、構造的な反復があるのではないか。つまり、京都学派、西田や田辺たちがやったこと、ある種のSelbstdenkenということや、後はそこにもう一つ入ってくる政治との関わりが、何十年かを経て、ある種の反復があったかのような印象を受けました。つまり、それは『哲学雑誌』だけではないし、しかも東大の教員全てがというわけではないですけれども、例えば、大森荘蔵、黒田亘、それから井上忠、この辺りの人たちは、非常にお互いがお互いを切磋琢磨しながらよく統御していた。西田と田辺に師弟関係があったりとか、上下関係とまでは言わないけれども、田辺の方が西田を慕ったり、西田が田辺を評価したりというのとは違う、より水平的な関係ではありますが。しかしそこで、例えば黒田先生なら英国経験論から分析哲学であったし、井上先生は古代哲学、大森先生はウィトゲンシュタインをアメリカから持ってきてといった具合に、分野は違うけれど、「それは、事柄として何だ」ということを、いつも彼らは議論していました。これは、おそらくSelbstdenkenのまさに体現なわけで、そういうことが、何十年かを経て東大のある種の教員の間に共有されたということに、ある種の反復を感じます。まあ政治に関しては、これは大分冗談で、検挙された人というと戦前にいるだろうかと考えると、本当にいないわけで。おそらく戦後、助手の前に加藤尚武先生が検挙されたかなと思ったくらいで、そういう反復があると。しかも、それが東大といっても実は一つではないのです。これはたまたま、比較的面白い話なので、少し紹介しておきます。この前、外国からお呼びした方と中島隆博さんとのシンポジウムで聞いた話です。小林康夫さんが、近代日本哲学を紹介するサーベイ論文を英語で書かれていて、その話をして下さった。「戦後の日本哲学を総括する」というような題を与えられて彼が書いたのが、「駒場カルテット」です。「駒場カルテット」は誰かというと、井上忠、大森荘蔵、廣松渉、そして坂部恵。僕らからすると、坂部先生は本郷の先生だったので、一瞬少しだけむっとして、「本郷の先生だったのになあ」と思ったのです。ですが実は、坂部先生が、彼の一番優れたというか独創的な仕事だと僕が思っている『仮面の解釈学』や『理性の不安』に結実する論文を書いていたのは、駒場の助教授時代の三年かそれくらいの間なのです。だからその間、この四人は一緒の職場にいたのです。それは、小林さんが駒場という、本郷のように黴臭いところでないところで哲学者たちが自由にやっていたということを結局言いたいのですけれども（一同笑い）。しかし、それはやはりある種の意味があります。戦前批評主義、批判主義を掲げながらも、伊藤吉之助先生が一番掲げたように、あくまで原典に即しながら哲学史研究をする。そのような伝統とは外れたところにいらっしゃった時が、坂部さんにとって一番幸福だったのかもしれないし、いい仕事をされた。このようなことを踏まえながら小林康夫さんは「駒場カルテット」と名付けた。ある種の本郷の呪縛がどこかにあったからこそ、坂部先生は退職後にまた自由に活動されたという印象があって、そういうことはあるのだろうなと。また違いもあって、最後の藤田先生のお話ですが、「濃密さ」ということです。京都に比べると駒場カルテットは、もしかすると、もう少し風通しのいい濃密さであったかもしれないというのは、単なる印象ですけれども一つ思いました。後は査読の件です。実は私も上原先生と座談会をしましょうかという話をした時には、勿論これ（『哲学研究』六百号の特集）を読んでいて、そういうことがいいのではないかという話をしたということもあります。これは今回も読ませていただいて、全部はとても答えられないですが二つあって、一つは論争というのが『哲学雑誌』の場合はどうだったのかということです。これは、少なくともある時期まではあったと思います。「何々に答ふ」という仕方はありましたし、これは必ずしもいわゆる西洋哲学ではなくて、仏教の方法論を巡ってとか、他にも様々な論争がありました。これは、この『哲学雑誌』が、ある種哲学、人文学のアリーナとして機能していた時期があった。それは段々消えていくのですけれども。具体的な年代を指定出来ないのは残念で、今後の中でより明確にしていきたいと思いますけれども、おそらく三〇年代により専門的な哲学史論文が出てきて中心となっていく。近世、古代、そして新カント派とかハイデガーを中心とした実存哲学といったものが紹介されていくに従って論争は消えていくのですが、六〇年代に復活します。その時の論争などは、誰かが仕掛けていたのか、それとも単なる投稿があったから載せたのかといったことについて、戦前に関してはよくわかりません。ただ、実は一九五〇年代後半くらいから、それまでと少し違って特集みたいなものが組まれはじめます。ある時期は、特集だけではなく討議という形で特定の二人が同じ論題を論じるという時期がありました。ただ、それは消えていき、特集の論文形式、今の『哲学雑誌』もその形式ですけれどもそういったものに変わっていく。変わっていくけれども、それは充実していたものもあった。僕が伝説的だと思っている号がいくつかあって、この編集者が誰かというのは、正確にわからないですけれども、今は、我々、つまり理事が企画を立てて指名するのです。査読はしません、つまり査読して落とされるような恥ずかしいものは出してくれるなという前提です。それでもたまに落とされる方がいて、その時には中井さんのように正座して待つとかいうことはなくて、落ちたらおしまいということです。こういう仕方でやっていますが、別の仕方の関与があって、間違っているかもしれないので固有名詞は挙げませんけれども、加藤尚武先生よりも少し前の世代の助手の方が、かなり頑張って企画を立てたのではないか。ですから結論としては、戦後の編集に関して散文的な話で、つまり、中井さんや澤瀉先生のように優秀で熱心な編集者が一人いると雑誌は活性化するということの証ではないかと思いました。もう一つ言いたいことがありましたが、忘れました。思い出したらまた言います。一旦これで切ります。

納富信留　話が全体的に大きくてどこに注目すれば良いか難しいところですが、最初は、雑誌というテーマに焦点を当てたいと思います。というのは、制度の問題と雑誌の問題とは、勿論ある程度連動すると同時に、むしろ相反するところがあると思うのです。例えば東大の場合ですと、研究室は縦割りで、哲学や倫理学という研究室がある一方、哲学科というやや広めの組織の中で細かく分かれているという制度上の特徴もあるので、今回は雑誌の方だけお話し出来ればと思います。これから検討すべき視点ということで、雑誌としては正確さをベースに考えたい。つまり、単純に言っても発行回数とか、先ほど上原先生が引いてくださった頁数とか、どういうことを書くか、発表を載せるのか公募論文を載せるのか、それから読者層です。今は紀要的な感じで発行しているかもしれないけれど、昔は市販されて結構増刷もされて買われていたとか、定期購読するというパターンもあります、そういったことを考えていかなければなりません。

同じ『哲学雑誌』といっても百何十年も経っているので…そういうことを考えると、ある程度フェーズを分けて、雑誌としての性格を整理するというのが今後私たちの仕事だと思います。その時に、『哲学研究』が出たことによって、例えばその時期から役割分担がシフトするといったことがわかると面白いのではないかと思っています。まだ検討していないことを言ってもいけないですけれども。同じ哲学者が、こちらに載せる場合とあちらに載せる場合とで、どういうスタンスの違い、あるいは内容の違いがあるのか。例えば、西田や田辺のような人が議論する場として『哲学雑誌』と『哲学研究』はどうなっていたのかを見ることで、同じものが二つあるのではなく二つの雑誌がそれぞれに色を出して、さらにそれが東京と京都のカラーと連動しているといったことが見えてくると良いと思っています。

というのは、京都の『哲学研究』ができる前には、哲学の雑誌というのは『哲学雑誌』くらいしかない状況でした。皆がそこで出すわけです、田辺とか西田も。それに対して、それでは足りないよと思って『哲学研究』を作った時に、当然『哲学雑誌』の方にもある意味で変動がくる、つまり、役割分担が生じるということです。そういった時間のずれも含めて、少なくとも初期の段階で、そういうことがどのように生じたのかが知りたい。しかも両雑誌とも毎月というペースで出しているというのは、今では信じられないような量産体制です。現在私たちが発行しているような年に一回とか二回というペースの雑誌という発想を変えないと、見えないものがあると思います。逆に言えば、読むのも大変な分量が出ているので、質がどのくらい担保されていたかというのは、おそらく査読問題に関わります。二つの雑誌を並べる時に今後考えるべきこととして、どれくらいのフェーズに分けて、どういう視点で分析したらいいのかといったことを考えていきたいと思いました。

藤田正勝　今の問題で言いますと、もちろん西田幾多郎にせよ田辺元にせよ、京都大学に来た頃にはまだ研究の成果を発表できる場というのはなかったわけで、論文を発表する唯一の場所として『哲学雑誌』があったわけです。そちらの方に重要なものを発表していくということがあったわけですが、『哲学研究』が軌道に乗り始めてからは、主として二人とも『哲学研究』と、それから岩波の『思想』、この二つに発表する場所を求めていきました。それにしたがって『哲学雑誌』に発表するということはほとんどなかったのではないかと思います。そういう意味で、やはり『哲学研究』を育てていくといいますか。一つはもちろん若い人に研究の場所を与えるという意味もありましたけれども、自分たち自身が今まさに現在進行形で考えている思想を発表して、そしてその『哲学研究』という雑誌そのものを育てていくというような意図を強く持っていたのではないかという気がいたします。私の方からは、『哲学雑誌』やあるいは東京大学の伝統についてお話いただいたお二人に質問の形でお伺いしたいと思います。

一つは、戦後の大森さんや坂部さんを中心とする東京大学の哲学の活動をご紹介いただいたわけですが、『哲学雑誌』創立の頃から始まって現在までを全体として概観した時に、やはり戦前と戦後ということで大きく変わるのか、そこに飛躍あるいは断絶のようなものがあるのか、もし違いがあるとすればどういう違いがあるのかという疑問をもちました。それともう一つは、「東京スタイル」と言うときの「スタイル」のもとにどういうことを考えておられるのかという点です。戦前と戦後のスタイルは違うのか、あるいは戦後ということでも、大森さんをはじめとする「駒場カルテット」と比べて、本郷の方と言いますか、山本信さんとか渡邊二郎さん、あるいは岩崎武雄さんといった人とのあいだにはやはり違うものがあったのか、スタイルの違いみたいなものはあったのかということです。それから「スタイル」と言う時には、先程の下村さんの言葉で言うと「平原」ということですけれども、師弟関係があまり強くなかったという外的な原因に拠ってそのスタイルが生まれたのか、それとも思想内容、例えば納富さんがおっしゃった批判主義とか批評主義とかいう思想の面から「スタイル」ということが言えるのかどうか、そこのところをお伺いしたい。もう一つ、第三点として、戦争の傷と言われたわけですけれども、京都学派を語る時であれば戦争の傷というのは一つの大きな問題となる訳です。和辻さんでも『倫理学』というのを戦前の版と戦後の版で文章を変えたりしているとかいうことがありますし、東京ではそういう傷が本当になかったのかということです。もし仮にないとすれば、なぜ京都では傷ができたのに東京では出来なかったのかという理由とか根拠とかをお尋ねしたいなと思いました。

鈴木　どれも難しいですけれども、一番目の戦争の傷については、これは本当に丁寧に調べないといけないし、勝手なことは言えない話だと思います。ただ、要するに多分我々二人の話の中でまず和辻が出なかったというのは大きくて、それは簡単で、和辻は『哲学雑誌』には一回も書いてないという事実があります。これが一番大きい。それから、安倍能成もそうですし和辻も、つまり岩波の『思想』に書くような人たちは、基本的に『哲学雑誌』に一回も書いてないです。同僚であるのが不思議なくらい書いてないというのはあって。ですから、出しませんでした。だから勿論、和辻については考えなければならないことが沢山あります。それからもう一つは、他になかったからという意味で大事なのが井上忠。ただし彼の場合は、原爆の体験が大きい。これも色々な意味で、原爆の体験をどう考えるかということ自体これは勿論納富さんに後でお答え、お話してもらいたいと思いますが、しかしある種被害者であったり、巨大なものを受け止めたりしたということです。戦争の傷という場合は、普通、例外的だと言った出隆の場合がそうであるように、加害者としての場合の傷ということです。出隆自身は誰かを殺したということとか彼が戦争に行ったということはないにしろ、しかし送り込んでしまったという意味では当然関係がある。おそらく、僕が間違っていたら訂正して欲しいですけれども、出隆の場合はそれを、懺悔道の何々みたいに、哲学の言葉として語ることを模索しなかった。戦争の傷の受け止め方が、学徒出陣との関係においても出隆の場合と田辺の場合は大きく違っていて、どちらがいいということではないと思いますけれども、難しい問題です。そしてその他の教員に関しては、本当のところどうだったのかというのはもう少し調べてみたい。ただ少なくとも戦時中の論文については、これ本当に戦時中なの?という論文が次々と並んでいます。つまり、皇国史観に基づくようなものがあまりないことは勿論、特に『哲学雑誌』の場合は、マルクス主義関係のものがほとんど載っておらず、左傾化したものが載ってそれに対して反動、といったことのあまりない凪のようでして、不思議だと思います。だから、表向きは他の教員たちはそれほど大きな傷は受けてないように思います。ただ、本当のところはどうなのかは日記などを読まなくてはならないとは思います。それに対して井上忠と出隆とは、それぞれ別の意味で特権的なのではないかと思います。あとスタイルは確かに、僕の場合のスタイルと納富さんの場合のアリーナは違うし、まだまだ中身が詰められてないのですが、おそらく一つあるのは、この後お二人に質問したいこととも絡めて言いますと、スタイルなのかアリーナなのか、あるいは学派なのか、いずれにせよ、東京の人たちは宗教性が希薄だと思います。これは決定的で、坂部先生はすごくスピリチュアルなところが特に晩年はあると思いますけれども、特定の宗教性というのは希薄であると思う。勿論カトリックの方々、井上先生もそうですし、加藤信朗先生もそうですし、坂部先生も最後入信されてカトリックになったわけで、本人たちの中にそういうものがあったのは事実ですし、中世哲学を加藤先生が特に色々深くされているということはあります。ただ、その宗教性を表に出さないというか、それを哲学の言葉で語る、あるいは哲学の言葉の外のものとして語ることが、少しウィトゲンシュタイン的なことになりますけれども、ある種のスタイルではないかということを思います。それは宗門の違いとかは別にして。山崎正一さんも、彼は仏教徒だったのかな。また、廣松さんに抜き難くある漢語を使うことはどこか禅、また彼の関係論的世界観は大乗仏教における縁起の思想に近いといったことなど色々あります。しかし、いわゆる宗教性のようなものがすごく希薄だというのは大きくて、それが東京スタイルと戦前の批評主義、批判主義とを繋ぐ線なのではないかという見通しは持っています。前半の戦前と戦後に関する質問は難しいです。教師は同じような人がいて、その中で育った人たちが爆発的な仕事をした。あとは、山本信先生と渡邊二郎先生をどう位置づけるかは、私は二人から教わっているので中々難しいです。上手く言えるような言葉が見つかったら後で話してみたいと思います。

納富　三つご質問いただきました。鈴木さんと重なりますが、少しだけ付け加えます。第一に、戦前と戦後というところはおっしゃる通りで、京都の場合、西田が一九四五年に亡くなって人が刷新するところで非常に大きな違いが出ます。東京は今のお話の通り、もといた先生が続いていくし、学生もある程度、つまり戦前からいた人たちが戦後教授になっていきます。そこをどのように乗り切ったかは説明が難しいところがありますが、いずれにせよ、京大のような大きな違いがないにも関わらず、戦前には比較的学術的でおとなしかったものが、戦後もう少し華々しく花開くということが起こります。そちらの方が不思議で、私たちももう少し見ていかなければならない。もしかしたら継続性の中で起こった成熟のようなものであったのかもしれないし、あるいは新しいことが始まったのか、これは課題です。

第二に、スタイルについても色々な点で、例えば東京とか京都というところの地理的な要因、あとは人の流れということもあるかもしれませんが、これは大きな課題ですので、こうした議論を通じて少しずつ考えていきたいと思います。

第三の、戦争との関係についてですが、一番決定的なのは出隆です。出さんは、自伝をはじめ色々なものを書いているので分かるのですが、自分ではっきり書いているように、戦前戦中はマルクス主義にほとんど関心がなかった人なのです。ご本人も全然関心がないのに、なぜ急に戦後共産党に入ったのか。しかも共産党がよく分かって入ったわけではないのです。だから、異端ということで追放されてしまうわけです。その辺りが本当に謎なのですが、ただ、「私はなぜ共産党に入ったか」や『生き残った人々は沈黙を守るべきか』といった文章をいくつか見ると、懺悔とは言いませんけれども、そういったものはやはり引きずった一人だとわかります。これは田中美知太郎さんが自伝の中で書いているのですが、世代が一回り上なので、自分は出さんのやったことは批判出来ないと。出さんが戦前戦中に書いたものの中には、『詩人哲学者』の「序に代へて」（昭和18年12月）で、「今こそ実地に、美しく鮮かな死を死にきって戴きたい」といったことを書いてしまっているので、事実上そういうことはありました。ただし、それは京都の様々な、先ほどの中井さんのような方々とは違い、政治的な関与といいますか、そんな意識は薄かったようで、政治的な役割を政府から求められて意見を言うようなこともあまりなかったようです。それに関して一度だけ冗談めかして書いています。自分は海軍の軍人にアプローチされて、サラミスの海戦のことを教えてくれと、つまり、日本が海軍で勝つためにはどうすればいいのか、そんなことを聞きに来られたよと。その程度であれば、学者として別に戦犯だと後で言われるようなことではなくて、基本的には蚊帳の外に置かれていたようだと私は見ています。

マルクス主義との関係は、要するに京都だと三木とか戸坂にあたるところで、東大の場合でも勿論マルクス主義に関係した人もいるわけですが、検挙されてどうのこうのということはそれほどない。もう一つ別の意味での戦争問題は、やはり紀平正美のことだと思います。紀平は東大でかなり影響力はあって、ヘーゲルの授業を持っていました。そして、そこで教わっていた出隆とは親しかったようです。ちなみに出隆さんは、家で行っていた研究会を「ヘーゲル研究会」と名乗っていたと自伝に書いています。どうしてなのかと思っていると、最初ここでヘーゲルを読んでいたからのようですが、ヘーゲル研究者には一方で紀平のような人もいれば、他方で左翼的な人、出さんのヘーゲル研究会に出ていた金子武蔵のような人もいました。そういう意味で戦前のヘーゲル研究というのは、右と左の両面が東大にあって、しかも決して仲が悪いというのではなさそうなのです。少なくとも今からみると、かなり両極端の人たちが同居していた。紀平さんという人については、東大の人たちも少なくとも国粋主義的な面については疑問に思っていたかもしれないけど、ヘーゲル研究者としてはとりあえず受け入れられていたようです。ただし、紀平のやったことを戦後哲学者たちがきちんと反省したかは、私も聞いてないですし、そのまま無視されてしまっているのではと思っています。ということで、東京の方に戦争の傷のようなものが全くなかったわけではないのですが、ただあまり大きな問題になるものはなかった。あえて言えば、和辻があまり反省していないのではないかといったところになるかと思います。

鈴木　スタイルについては全然練られていないので難しいですし、しかもスタイルというのは戦前と戦後で同じ東京と名付けて通じるかというとこれも難しいと思います。それでもスタイルという言葉を使いたくなるのは、今日さしあたり挙げた駒場カルテットの四人、加えて加藤尚武先生は強烈な文体をお持ちだと思う、少なくともこの五人はまさに強烈な文体、普通の意味でのスタイルの持ち主だと思うのです。これは多くの人がかぶれたりもするし、廣松渉の文章は誰が見ても分かりますし、若いころのお弟子さん、例えば高弟であるところの熊野純彦さんの若いころの文章を読むと、廣松渉そっくりですよ。最近の文章はむしろ坂部先生に近いということは、何かある種の系譜を感じますけれども。井上忠先生の文章、これはもう一目で分かる。大森先生も、おそらく、日本語の散文の中で一番美しいものだと僕は思いますけれども、これも先生独特の硬質な文体があって。これは、何か本人たちの特殊な才能だと言ってしまえばそれまでですけれども、そういう意味での狭義のスタイルというのが、哲学とどこか結びついている点が、戦前のいわゆる哲学史研究論文のスタイルの人たちとは違うと思っています。今の四人ないし五人も皆哲学史研究家ではあるわけです。そうであるけれども、独特の文体もあるというのが彼らの素晴らしいところであるので、それが突然変異であるのかはよく分からないけれど、僕はスタイルという言葉をあえて残したいということです。

藤田　今お話をお聞きしていて、スタイルということにも関係しますが、京都の哲学者、東京の哲学者の違いを考えたとき、ご指摘があった政治の問題と宗教の問題、この二つが大きいかなという気がいたしました。政治の問題に関しては、西田の弟子たちの中に、特に太平洋戦争が始まってから積極的な発言をする人が多く出ました。一つは西田と近衛文麿の関係が背景にあって、政界とのつながりを持つ人が多くいたということがあります。政府の方から何か意見を求められることがあって、そういう発言をするということがしばしばあったと思います。どうして東京の方はそれがなかったのか。それは、やはり戦前の哲学を担当された方が、哲学者は政治に踏み込むべきではないという、紀平正美みたいな例外はもちろんあるわけですが、そういう考え方をもっていたのか、そこがちょっと気になるところです。

それからもう一つ、宗教性ということに関してですが、西田以後、仏教の影響、とくに禅の影響が強いというのは間違いなく言えるわけですけれども、それをどう説明するかというのは少し難しいところがあります。西田は若いころから禅に対して非常に強い関心をもっていました。しかも、当初はいかに生きるべきかという問題を解決できるのは哲学ではなくて禅であるという考えを強くもって禅に打ち込んでいました。それが、ある時期から哲学のほうへシフトしていくと言いますか、力点を置きなおしていくわけですが、しかしそれでも、その思索の根底に禅の影響はあったと思います。そういうこともあって、例えば久松真一であったり、西谷啓治であったりといった人たちがその影響を強く受けました。それは先ほどの「密度の濃さ」ということにも関係すると思いますが、西田の考えている哲学というものを、やはり弟子たちはある意味で踏まえてと言いますか、それを批判する場合であっても、それを一旦踏まえたうえで、自分なりの哲学を展開していくことをした。その時に、西田の思索の根底にあった禅を受け継いで自分の思索を展開していくということがあったのではないかと思います。もちろん他方で、戸坂潤や三木清など、まったく違った方向に進んだ人もいます。三木は遺稿として『親鸞』と題された草稿を残しましたが、西田とは違った方向で宗教の問題を考えようとしました。その間口の広さといいますか、いろいろな人がその中で活躍をしたというのも京都学派のひとつの特徴かと思います。いずれにせよ、東京と京都の違いということを考えたとき、今言いましたように、やはり政治と宗教ということが問題になってくるのではないかと思います。

上原　ここまでのお話の流れに、一言、付け加えたいと思います。戦前から戦後への変化について、今のところなかなか明確にできていないわけですが、今日、まだどなたからもご指摘がなかったところを申し上げておきます。現代の東京の哲学者、敬称略ですが、廣松、坂部、大森といった一連の方々が、戦後、華々しい哲学を作られた。檜垣立哉先生のご研究によると、京都学派からの影響がその哲学者たちの思想の中に見られる。例えば、廣松を詳しく読んでみると、確かに西田が設定したような課題を引き継いでおり、まさに違うスタイルで解明しているとも言える態度、あるいは哲学の展開が見られます。このように、戦前の京都学派の思想を引き継ぎつつ、戦後のある時期に来て東京大学で、過去のさまざまなものを蓄積した華々しい哲学が開花したという考え方もできるのではないでしょうか。ただ、それを確信するには、テキストをきちんと比較対照する研究を行わないといけないわけですが。

納富　確かに、戦後もう七十年以上経った今から見ると、少し見えてくるところもあって、少なくとも、檜垣君とか私たちが学生の時は、西田について論じる人は少なかった。中村雄二郎とか坂部さんとかが、少しずつ言い始めている時期だったので、おそらく意図的に読んで使っているということはないと思います。特に大森先生は、読書経験としてどのぐらいあったのかは不明ですが、むしろ若い時からナチュラルな形で問題を引き継いだということはあるでしょう。必ずしも誰がどの時期に何をどう読んだという話ではなく、より大きな思想の流れの中では、そういう傾向が生じたのではないかと思います。

鈴木　檜垣さんの言っていることはごもっともで、実際の読書体験とか影響関係という次元と、事柄そのものとで分けた場合に、事柄そのものとしてはやっぱり、大森先生は中々難しいことがあると思います。しかし、少なくとも廣松と坂部の二人に関しては、京都学派の問題をある時期から徹底的に引き受けたというのは事実だと思います。実際、坂部先生の場合には、自分の哲学を作り、若い頃から大和言葉を使っていった時、そして海外で仕事をする時に、西田を読み、和辻を書き、彼が一番共感されたのは明らかに九鬼周造ですけれども、その影響下で自分のものを作っていったということがあります。さらに廣松は、もっと若いころから読んでいて『近代の超克』という有名な本があります。あれは要するに、京都学派は、高山岩男も皆もかなりのところまでやっていたけれども最後は結局駄目だと言うわけですが、そのようにいうのは、そこまでやっぱりすごかったと彼は分かっていたからですよ。だからこそあえて批判をするための本を書いたわけで、彼は決定的な影響を受けている。彼は密かに新カント派に関しても、当時出版されていた翻訳書を無数にコレクションしてよく読んでいたということがあります。西田をも含めてよく読んでいて、それが漢文脈の、西田先生とはやはり言葉遣いは違いますけれども、独特の文体に移っていった。事柄としては坂部や皆さんがよく受け継いでいるけれど、一番影響が強かったのは廣松渉ではないかな、これはおそらく実証できると思います。

藤田　私も廣松さんが書いたものを読んでいて、かなり西田のことを意識して書いておられるのではないかと思ったことがあります。さらに、先ほど挙げられた中では、大森荘蔵さんはかなり異質な思索というか、書かれる文章も大分違うと思っていましたけれども、亡くなる直前に「天地有情」ということを言われました。ここで言われていることは、西田そのままだと言ってもよいと思います。全然西田の名前を挙げないし、それらしいことは何も書いていないのですけれど、やはり根底のところでずっと西田の哲学を意識していたのではないかと思います。

それからもう一つ、東京学派や東京スタイルといったことと関わって少し申し上げたいと思ったのは、「京都学派」という言葉は最初、はっきり文章で書かれたものということで言えば、戸坂潤が初めて使ったわけですが、要するに批判的な文脈で使われました。京都学派というのはこういう制限をもっていて、それを乗り越えることが大事なのだというのが戸坂の言いたかったことであって、京都学派というのは外から貼られたレッテルだったのです。しかもそれを称賛してではなくて、むしろそれを批判するという文脈の中で貼られたレッテルでした。それに対して、その中にいた人は――例えば下村寅太郎さんなどはそのことをはっきり言っていますが――京都学派に属しているということをほとんど意識していなかったのです。このことも、京都学派とは何か、その特徴は何かを論じるとき、考えるべき一つの点かと思います。

それに対して、東京の哲学者の特徴を言い表すのに、学派ではなくスタイルとか、アリーナとか、セオリーとか、いろいろな言い方がされましたが、学派という場合には、やはりあるテーゼを共有してということが前提になりますので、学派よりもそうした表現の方がぴったりするのかなという印象をもちました。そうだとすると、逆に、今われわれが「京都学派」という言い方をするとき、その「学派」という言葉をどのような意味合いで使うのかということが問われてきますが。とりあえずそのようなことを感じました。

二　質疑応答

上原　では、今からフロアの皆様とご一緒に議論したいと思います。ご意見、ご批評のある方は挙手をお願いいたします。

井上克人　井上でございます。今日はお話面白く拝聴いたしました。二点質問がございまして、一つは西田の実在論の論文が哲学界で認められるようになるのは、ご存知のように、一つは紀平さんが絶賛したことによります。紀平さんはヘーゲル研究者ですが、結構、禅に打ち込んでいた。当時、東京の哲学界でも禅に打ち込み、あるいは禅に関心をもっていた哲学者がいたのかという点を確認したい、これがまず第一点です。それからもう一点は、『哲学研究』第六百号でも触れてはいますが、いわゆる京都学派、西田とか田辺といった哲学者に対する批判です。先ほどの藤田先生のご発表にもありましたけれど、ギリシャ哲学の田中美知太郎さんがその代表でしょう。いわゆる西田、田辺というモノローグ的な哲学を批判する人が、京都大学にいらっしゃいました。今お聞きしたいのは、京都スタイル、東京スタイルといいますけれど、いわゆる古代ギリシャ哲学研究者の田中美知太郎や藤沢令夫といった、いわゆる京都学派の古代ギリシャ哲学の研究スタイルと、東京大学の古代ギリシャ哲学の研究のスタイルがありますが、どういう違いがあるのかという点です。今日、丁度、納富先生もいらっしゃっているので、それをお聞きしたいと思っています。

納富　一つ目の問題はおっしゃる通り、東京の哲学者はバックグラウンドが、初期だったら井上円了とか清沢だとか色々いますので、仏教系も多いし、何人かそういう人はいました。紀平もそうです。ただ、紀平の場合は思想とかなり結びつけていたという点で、他とは違うと思います。先程鈴木先生もおっしゃったのと印象的には近くて、西田などとは違い、自分の思想の体系の中核で結びつけるということをした人はあまり他にいないように思います。

鈴木　本当のところがどうかは分かりませんけれども。

納富　勿論そこのところは白黒、一とゼロということではないので、丁寧に見なければならないと思います。政治とも関係あるのですが、井上哲次郎は結構長く生きていたので、国民の道徳的なことも色々と書いています。国民精神研究所といったところで書いているけれども、あまり影響力がなかったのか、皆ありがたい教えとして無視したのか。日本精神のようなものを持ち出す場合のパターンもいくつかあり、神道のパターンもありますね。禅などとの関係がないとは言い切れず、そこが見えにくくなっている可能性があると思いますので、考えていく方がいいと思います。もう一つご質問頂いたギリシャ哲学の研究ですが、私が学部生だった頃は、東京と京都は全然違うスタイルだということになっていました。それは各分野で色々な経緯があるので、一般化できるかわかりません。ただ、京都のギリシャ哲学の場合は本当に面白くて、田中美知太郎さんが来てから、かなり意図的に哲学史的研究・文献学的研究というカラーを打ち出したことで、哲学の他の分野以上にそのカラーが強くなったということがあると思います。それから、先ほどから名前が出ている東大の井上忠先生と京大の藤澤令夫先生は大体同じ世代ですけれども、かたや井上さんが大森荘蔵さんたちと一緒に分析哲学に取り組んだ時、京都の方ではギリシャはギリシャだという反対の態度をとりました。果たして一般化できるのかどうかわかりませんが。ただし、状況としては、学派という言葉を使うのは問題ですが、各分野で自己意識的に、先生との教えの関係の中で、こういうやり方をとっていくのだという態度決定があったのではないかと思います。東大の方が昔から哲学史研究など文献的で地道だと言いますけれど、戦後のギリシャ哲学研究については京大の方がむしろそれを強く打ち出したところがあるので、先程時代別と言ったのですが、分野別でも多少色が違うのかなという気がします。

鈴木　求められていないことを答えてしまいますが、私はデカルト研究から出発したので今の納富さんとほぼ同じような印象を持ちます。結論から言うと、戦後の京都は、あくまでも印象ですけど、京都学派と一つにくくれるものではとてもなくて、いくつかの、もしかしたらあまり仲のよろしくない人たちも含めて色々いるのかなというのが僕の率直な驚きでした（一同笑い）。とりわけ哲学史研究は、野田門下の方々ですけれども、おそらく京都学派への反動で、テキストということが非常に大きかった。固有名詞はあげませんが、ある研究会に出た時、僕は哲学史研究というものは基本的に事柄を論じるための、しかも自分たちの周りにないことを考えるための、ドクサから出るために哲学史研究をするのだと、それで事柄を考えるのだと個人的に思っていました。ですが、それは哲学史研究ではない、テキストを読みなさいとその時に出席されていた京都大学出身の先輩方に怒られたことをよく覚えています。それはやはりある種の反動で、それに対して、ある意味そういう反動を考えなくて良いというか、戦前の哲学史研究者ダメだ、もう少し事柄を考えようと我々は何とか良い方向に……（一同笑い）。これは僕の価値判断が入りますけれど、そういう雰囲気は感じました。それがほぼプラトンやアリストテレスの場合と似ていて、両方上手くやればいいと思うのですが、僕の接した人々はややそっちの方にきつかったかな、という印象は持ちます。

平山洋　静岡県立大学の平山です。どうも、納富先生、私の本を引用して下さってありがとうございました。『大西祝とその時代』は修士論文でございます。一九八六年と八七年の二年間で一生懸命調べました。東北大学の思想史系のやり方です。それで、八九年の七月に出ていますので、丁度三十年です。三十年前の本が今でも読まれていることに、私本当に感動してしまいました。それで、とりあえず東京大学の哲学科の話でちょっと知りたいのですが。今の話のように『哲学雑誌』は主として西洋の思想の紹介、分析、検討だということになりますと、大森先生や加藤先生や坂部先生や廣松先生の研究は『哲学雑誌』には載らないということでしょうか。

鈴木　加藤先生を除いては存命ではないのであれですけれど

も、普通に載ってました。

平山　違います、彼らの思想の研究を……

鈴木　ああ、彼らに「ついて」ね。

平山　そうですよ。つまり、デカルトだから載る、しかし、廣松は日本人だから載らないと言っているようにも少し聞こえたので、廣松先生の思想の研究をした場合、これは『哲学雑誌』に載るのかどうかということを知りたいと思っています。

鈴木　載ります。

平山　ああ、載りますか。

鈴木　次号は、他の教員、先生でしたけれども、「松永澄夫特集」みたいなのもあります……。

平山　あ、今はもうそうなさっている。ああ成程、失礼しました。

鈴木　それは今の『哲学雑誌』ということになりますけれども。戦前、井上哲次郎の時代までは、比較的東洋のものが多かった、それが純化されていった。それで、比較的そういう研究論文が増えていったというのが大筋です。ただ、戦後はやや変わっていって、ただその中で、田辺についての論文とか西田についての論文が『哲学雑誌』に載ったかどうかは怪しいですが。具体的に言うと、僕が理事になってからですけれども、「日本語の哲学」という特集を組みました。そして次号は、「松永澄夫をめぐって」という副題はつきませんが、実質的にそういうものであって。これからは投稿論文でも、哲学論文であればいいということになるかと。それは健全なものだと思います。

平山　ああ成程、失礼しました。

鈴木　いえいえ。

平山　私自身の偏見があったような気がいたしました。

鈴木　かつては載らなかったかもしれません。

平山　実はもう一つ、井の哲の話と関係があるのですが、井の哲さんは確かに、多くの愛国主義的というと肯定的だけれども、端的に言えば国粋主義的。それで、彼自身も『勅語衍義』で書いて、舌禍事件を起こしまして、それで、はっきり何かしている。相当軽薄な感じがありますよ。大西祝を追い出した張本人でもあります。東大哲学科における井上哲次郎は、やっぱり黒歴史で絶対に触れてはいけない問題なのかどうか、それも聞きたいなと思います（一同笑い）。

納富　そうですね、基本的に以前の評価がそれほど高くないので、今は少し見直し傾向にある。

平山　ああ、見直し傾向にある!?

納富　つまり一つは、井上哲次郎はとにかく長くいたと（一同笑い）。東京の先生たちの話にでてくるわけです。これは多分京都と雰囲気が違うところで。つまり習った人たちが、井上哲次郎はとにかく早く辞めてくれということを言いまくっているので、その後の人たちは、井上哲次郎は哲学者としては駄目だということが定着して、ほとんど問題にしなかったというのが一昔前二昔前の印象だと思います。ただ、最近はもう少しきちんと評価してあげた方が良いのではないかと。例えば、彼が行なった日本思想史研究です。あれは大雑把かもしれないけれども、朱子学と陽明学といった枠組みについてどう評価すべきかといったところで、もう少し客観的に見てあげれば良いのではないか、という程度は見直されています。このように決して黒い歴史ではなくて、逆に言えば、完全に無視されてしまっていたということが問題視されています。

鈴木　僕は井上哲次郎を、本格的に読まないといけないとは思っているのですが、読んでませんけれども。今の状況だったら二つで、今納富さんの言ってくれた、丸山眞男の日本政治思想研究は、内容はともあれ枠組みみたいなものは結局井上哲次郎によって作られて、それを批判することであの本は書かれているというような仕方ではじまった評価が一つある。もう一つ彼の現象即実在論、これは西田への影響が強い。これは、例えば、専門家によっては意見の分かれるところかもしれませんけれども、『善の研究』において圧倒的な影響を与えているという人もいます。可哀想なことに、井上哲次郎そのものを逆にものすごく持ち上げる人は少ないかもしれないけれど、少なくとも、今の二点では、重要な思想家として、普通に黒歴史とか何とかということもなしに、淡々と見たら、これくらいは偉いのではないのという再評価がはじまっているくらいでしょうか。そして我々も、そういうことを少しはしてみようかということです。

平山　ありがとうございました。

上原　戦争中の雑誌の具体的な内容は、どのようなものでしたか。

鈴木　具体的にということですが、紹介のレベルを超えて……勿論中には色々なことがありますよ。しかし、大きく言うと、昨日たまたま日本哲学会の学会誌が届きましたけれど、ああいった雑誌に載るクラスの題名の論文が、例えば「何々における何々」であるとか。それは具体的に言うと、時期区分を正確に覚えていないのもありますけれど、新カント派だったりとか、ハイデガーだったりとかそういったものの、あるいは近世も、後は時期区分的にはもうちょっと後かな、ギリシャ哲学も出て来るわけです。そういった、普通の哲学の研究雑誌に載るような論文が出ているということが基本です。紹介というと、最初の方だと「メーヌ・ド・ビランについて」とか、「メーヌ・ド・ビランはフランスのカントなり」みたいな論考が載るわけですよ。これは、とても研究とは呼べませんよ。それが徐々に、まさに研究スタイルの論文が出てくるというのが一番大きいのではないでしょうか。これは具体的には、先ほども申し上げましたけれど、今週には総目次を私たちの研究室にアップしますので、それをご覧になれば、エクセル資料で一覧が並んでいるだけですけれども、どのようなものであったのかは、すぐ分かるようにしたいと思います。

朝倉友海　神戸市外国語大学の朝倉です。この座談会のテーマは斬新ですが、こういうテーマがどうして成立するようになってきたのかを考えるとき、それが日本哲学の理解をどう変えるのか、質問したく思います。成立するようになってきた直接の理由は勿論、鈴木先生の科研があり、中島先生の科研もあり、東京大学で行われてきた哲学をどうふり返るかという課題があるわけですが、そうすると、何々学派とは外から言われるという話がありましたけれども、どうもそうではないところがあります。近代日本の哲学を考える時に、外国の目から見た日本哲学ということで考えると、まずは京都学派になる、しかし京都学派から大分時間が経って、その間にいた色々な人たちにもまた京都学派と同等のステータスを与えないといけないのではないかという問題意識があり、いわば内側から、東京学派として再評価しようということになっています。つまり、京都学派のイメージがまずモデルとしてあって、それによって戦後の東京の哲学を評価しようということですが、先ほどから何度も出てきているように、それではうまくいかないところがある。単に京都と東京が違うというだけではなくて、何かもう少し根本的に考えないといけないのではないか、ということですが、何を考え直すことになるかというと、東京学派そのものだけでなく、既成のモデルとなっている京都学派のイメージの方にも問題があるように思える。それに、今日は二つの学派ないし二つの雑誌の対比を考えようとしているわけですが、戦後の東京哲学ではずっと軽視されてきた井上哲次郎の見直しという課題も挙がっております。古い時代の東京大学の哲学の見直しもまた迫られるのだとすれば、京都学派についても同様のことが言えるようにも思えます。そこで、主に藤田先生と上原先生にお伺いしたいのですが、東京学派の研究は京都学派の研究をどのように変えていく方向にあるのでしょうか。この点をお聞きしたいと思います。出来れば東京大学の先生にもお伺いしたい。

藤田　鈴木・納富のお二人の方が今進めておられる東京学派なり東京スタイルの研究が、これからどういう形でなされ、またどういうものになっていくかがより具体的になってから、それが従来の京都学派研究にどういう影響を及ぼすのかといったことについて、より明確に議論できるようになると思います。

私も、この前出版した『日本哲学史』という本の中で、戦後のところをどう論じるのがよいかという点でかなり頭を悩ませました。私自身、先ほども名前があがっていました大森さんとか坂部さんとか廣松さんとかを東京学派と位置づけて、それとの対比で京都学派の問題を考えたり、あるいは京都学派というモデルを設定することによって東京学派の特徴を浮き彫りにすることができるかなとも考えたりしましたが、そのような枠組みの中で検討しても、あまり新しいものが出てくるとは思えなかったのです。それで、むしろ「自己」であったり、「言葉」であったり、あるいは「身体」といったテーマで、東京や京都の人たちの考えたことを、垣根を設けないで論じた方が、日本の哲学者のやってきたことを適切に評価できるのではないかと思い、そういう章立てを考えました。私自身は、今も、東京学派と京都学派という枠組みを設定した上で、両者を比較して、そこで何か新しいものが見えてくるかという点に関してはやや懐疑的であります。

上原　一つには、京都学派を変える、京都学派は変わるのかという問いの仕方がなされたと思いますが、まず、もう京都学派は終了しているというのが一般的な理解だと思います。

朝倉　いえ、これまでの京都学派の理解も変わっていって、そのことによって日本哲学というものの理解も変わっていくという……

上原　はい、そこは理解できているかと思っておりますが、ただ、今、京都学派はもう存在しないという前提になると思うのです。ですから、京都学派の知の遺産を今後どう引き継いでゆくのかという問い方になるのではないでしょうか。そこで、頑張って、貴重な京都学派という知の遺産を将来に引き継いでゆくためには、そのままただのアーカイブとして引き継ぐのではない。そういう側面もあるわけですけれども、それをベースにした新しい京都学派起源の哲学を生み出してゆくべきだと、私は日頃考えています。そのためには、外側から何らかの思想と比較し切磋琢磨して生み出してゆくのが、自然なあり方ではないかと思います。今日は東京学派という言い方をしておきますが、それは一つの比較対象です。京都学派の知の遺産を引き継いでゆくためには、それだけではなくて、最近、海外でも日本哲学の研究が非常に盛んになっていますので、海外で理解し解釈され新しく生み出されつつある日本哲学と呼べるものとも比較対照しながら、新しい京都学派ベースの知を生み出してゆくことが必要ではないでしょうか。日本国内で言うならば、今日は東京大学の納富先生と議論しておりますけれども、東北大学はどうなのだということを、どなたか仰っていました。明治に日本哲学が始まり一五〇年以上たった今、ようやく日本哲学の歴史を本格的に見直す機会が来ていると思いますので、「京都対東京」ということで企画してみました。しかし、もっと色々な全国の他の大学で生まれてきた哲学研究とも、対比させていく必要があると考えています。

藤田　先ほど朝倉さんの質問に、垣根を設けないような仕方で戦後の思想をみたらよいのではないかと申し上げましたが、それと矛盾するように響くかもしれませんけれども――私自身は矛盾しないと思っていますが――、戦前の京都学派の知の遺産を引き継ぐという営み、あるいはそれを批判し乗り越えていくことも京都学派の営みとして考えてよいのではないかと私は考えています。その時に必ずしも京大の教員であることは必須の前提ではありません。戦前の京都学派が持っていた可能性を新たな観点から検討していくということは、どこに所属しているとかいうこととは関係なくやれることであるし、そうした試み自体を京都学派の営みの中に含めてよいのではないかと思っています。私自身は必ずしも京都学派を過去のものとして考える必要はないのではないかと思っています。

鈴木　朝倉さんがおっしゃりたいことはよく分かるつもりですが、ただお二人が言ったことはかなり納得するところがあって。つまり、東京学派とか言いましたけれど、二十世紀前半における京都における哲学、京都学派というのは、ドイツ観念論だったり、また二十世紀後半のフランスの六十年代だったりに匹敵する哲学運動でした。これはもう、固有名詞として残るものです。京都学派という呼び方が良いかどうかという問題はまた別ですよ。しかし、それは明らかに古代ギリシャがありドイツ観念論があり、フランスの六十年代思想があったのと同じように、二十世紀前半に京都学派がやったことは大きかった。多分朝倉さんは、それをスタティックに解釈したりとか、固定的に捉えたりするのは面白くないから、例えば東京学派と突き合わせてみると面白くなるのかどうかといったことを聞きたいのだと思います。ただ、ちょっと突き合わせてみたら何か変わっていくかもしれないという程度の話だと思う。何故そのようなことを言うかというと、僕は哲学会の現在理事長だし、しかも井上哲次郎や桑木厳翼のことを今回通史サーベイしてみようかというのは、奇特な人しかやらないのでやっているわけですよ（一同笑い）。僕は別に納富さんほど東京大学の代表者でも東京スタイルの代表者でもなくて、他にやる人がいないからやってみようということですよ。その中でもしかすると何か出てくるかもしれないということはある。ただ、一方で我々二人の場合は、そこで育っているので、我々にとって自分で気づかないような思考の制約の中にいるのかなという恐れはあるわけです。その中でしか哲学していないというのは嫌だから、どういった影響があって生まれてきたのかは自覚しておきたい。ただそれは、他の世界の人にはもしかすると関係ないかもしれないという意味で若干の責任があるということです。もう一つだけあるのは、常に一つ前の世代に反逆して別のものを作っていったということはあると思う。井上哲次郎に対して、桑木厳翼が東洋哲学は避けてしまおうとか、坂部先生の世代も上の世代に反逆というふうに。彼らも激しい人たちではなかったけれども、一つ前の世代をひっくり返し、親殺しまではいかないけれども、上の世代をみてそれとは違ったことをしていくという流れはあって。これはまだ仮説ですが、藤田先生もおっしゃって下さったように、そういった仮説が成立するかをこれからやってみたいと思います。以上です。

納富　皆さんがおっしゃったことに対して、私はちょっと違う感じを持っています。東京と京都を比べるのはそもそも全く便宜的なもので、思想がどう動くということはもっと色々な布置があると思います。例えば、京都と一言で言われても波多野精一あるいは天野貞祐とか色々な人たちが出たり入ったりしていて、普通それらの人たちは、実際の影響力とはまた別の問題として、京都学派にカウントされないのではないでしょうか。おそらく少し違う影響だったという扱いになると思います。逆に言うと、丁度ギリシャ哲学ということで私が名前を出した出隆の一番初めのヒット作というのは、西田幾多郎の焼き直しというのか——どちらに対しても失礼ですけれども（一同笑い）——西田哲学を咀嚼して一般向けに書いた本です。このように、東大の教授が西田哲学の紹介をする本を書いてスタートしているといったことまでを含めると、色々なコースをもう少し緻密に見ないと思想史的に見失ってしまうものがあるのではないかというのが私の感覚です。今回名前の出ていない色々な人、例えば東北大学にも色々あるのではないか。他にも、例えば西晋一郎、彼は西田とかなり険悪だったと思いますけれど、あの人が戦前やったことはどうだったのか。さらに、東京と京都といっても結構抜け落ちてしまう人たちがいるので、そういった人たちを丁寧に、視野だけでも据えるというのが私の立場です。東京の中でも、大西が早稲田に関係があって、丁度早稲田を話に出しましたが、他にも慶應や東洋大といった私学も中々微妙な関係にあります。出隆の本を田中美知太郎さんが書評でちょっと批判したら、岩崎勉が反論するわけです。早稲田の先生ですよ、どうしてだろうと。東京なら東京アリーナ、東京スタイルとして考えられますが、東大ではないのです、明らかに。何故そのようなことが起こるのかなと思うことがよくあります。そのように見たら、京都の中にも多元的な見方や層があって、そこのところをもう少し丁寧にみるべき時期に来ているのではないか、というのが私の印象です。

加藤泰史　一橋大学の加藤と申します。とても興味深いお話をありがとうございました。少し「学派とはなにか」というところからご質問したいと思います。今、納富さんの方から、もう少し多元主義的に布置図を考えてゆくという非常に興味深いお話を伺いました。一般的には学派といった場合には、まず問題関心の共有あるいはテーゼの共有さらにまた方法論の共有などがあり、それが第一世代、第二世代、第三世代というように継続されてゆきますと、批判的な継承となってくるかと思います。例えばフランクフルト学派とかケンブリッジ学派とかを考えた場合には、そうしことはある種の前提条件として、おそらく考えられてくるのではないかと思います。海外の研究者が京都学派という言い方をされる時には、西田、田辺あるいはそれ以降の世代で、ある一定の問題意識またはある種のテーゼの批判的な継承などが、割とヨーロッパの学派に合うような形で分類しやすい、あるいは見えやすいということがあるのではないかと思います。今、東京学派とか、あるいは苦労されてアリーナとかスタイルという呼び方をされていますが、納富さんにまずお伺いしたいのは、おそらくこのアリーナという言い方をされる場合には、先ほどの多元主義的な布置図をお考えになりたいということが、かなりおありになるのではないかと思います。しかし他方で、学派という言葉をお使いにならないというのは、やはり一般的なシューレの前提条件を満たすところまでゆかないのか、あるいはまた別の理由があるのか、そこをお伺いしたいと思います。鈴木さんは、スタイルという非常に興味深い呼び名をされていますけれども、例えば駒場カルテットの場合に、英語のスタイル、あるいはドイツ語のシュティールというのは、必ずしも日本語の「文体」という意味だけではないと思いますけれども、しかし日本語でいう「文体」の問題に言及されていました。そうしたスタイルということで、先程言及しました学派の前提条件ということとの関係を、どのように考えられているのかをお伺いしたいと思います。それからあと、藤田さんと上原さんには、次の質問を投げかけたいと思いますが、これは多少答えにくければスルーして頂いてもいいかもしれません。京都学派の継承といった場合に、藤田さんは今必ずしも京都大学という、大学機関または組織に限定する必要はなくて、ある意味ではその外部でまだ生きているということを言われたのではないかと思います。そのご指摘を具体的に考える場合に、京都学派の流れというのは現時点でどういう形で継承されているのかをお伺いしたいと思います。逆に上原さんには、京都学派は終わったとおっしゃられたので、どの時点で終わったのかということについて、あるいは最後の京都学派は誰なのか、そしてなぜそれまでの問題関心なり問題意識、あるいはテーゼなりというものが、批判的な形でも継承されることなく途絶えてしまったとお考えなのかというあたりをお伺いできればと思います。

納富　どうもありがとうございました。いい加減に流してはいけない点をもう一回きちんと考えてみますと、学派という概念については、例えばギリシャの時からディオゲネス・ラエルティオスがイオニア学派とイタリア学派を分けて論じていますが、そこでディアドケー（学統）と言われるのは基本的にはまず師弟関係の継承によるところが大きいです。それを基準に言うのであれば、先程から言っているように東京で私たちが問題にしている人たちの間には、師弟関係はありますけども、その絆とか人間関係ということも含めて学派と呼べるかという論点に関わってきていると思います。つまり、習ったということ自体が師弟関係の必要十分条件なのか、あるいはもう少し違うものがあるのかという継承の問題です。加藤さんが今整理してくださったことでいうと、例えば「問題を共有する」、「テーゼを共有する」ということになると、おそらく京都の一時期の哲学者は、かなり強い共有があったと思います、方法論もあると思いますが。東京の場合はそういう側面がかなり薄いという点で、私は学派という言葉を使いたくありません。それでは何を共有したかと言うと、任務を共有していたと思います、哲学をすることに対する一つの任務。これは特に初期はそうですけど、明治において日本が西洋哲学をまずきちんと学んで伝えるという、それが任務であると。それだけでは哲学ではないでしょうという話になると次の段階に行くと思いますが。その程度の強い共有までをもって「学派」という言葉を通常のような意味で狭く使うとすると、そこでは少し使いにくいなと感じます。では哲学をきちんと咀嚼してそれをまず議論するところが最低限の任務であるとすれば、それは哲学にならないかと言えばそういう話ではない。というのは、先ほど大西について紹介したように、まずきちんとした批判と批評をすることが、創造することの基盤だという任務意識になるからです。その後になると、何が起こったかが問題ですね。先程おっしゃった基準、通常の言葉遣いからいくと、私は東京については学派という括りでは入らないのではないかと思います。逆にアリーナとすると、別の大学、あるいは京大の教授が東京で発表することも含めてアリーナと呼べそうで、都合が良いので使いました。

鈴木　学派という言葉を用いたくないが、京都学派は使った方がいいだろうと言うのは、納富さんが説明されたことに尽きます。それは師弟関係と、今日、藤田先生が最初におっしゃいましたけども無という問題意識を共有しているというところが圧倒的ですよ。それと、シェリングとかがいたにしろ、人類の哲学の歴史の中で決定的に大きいので、これはやっぱりシューレだと思います。東京の場合、そういうのはあえて言うと小さいレベルですけれど、デカルト研究における東京学派とか、デカルト研究における京都学派というのはあると思いますよ。例えば、野田又男先生と小林道夫先生のご関係はシューレですよ。所先生から村上勝三で大西さんとかそういう流れはあります。これはシューレだと思います。スタイルは、少しは考えていますが全部はまとまっていません。ただ二つあって、一つは文体です。ただそれは井上哲次郎の文体と坂部恵の文体とでは全然違うけれども、例えば駒場カルテットのような場合は、少し許してもらえるかなと。あともう一つ、これは難しいですが、一応メルロ＝ポンティのスティルという概念が頭の中にあって、メルロ＝ポンティは一貫した変形ということを言います。それは、一つの主義主張とかテーゼとかには集約されないけれども、人が凄く変わっていくその変わり方が一貫しているということを言いたいのです。一貫した変形ということを言いたい、それをスティルという言葉で集約していて。そのようなものが、あの四人とか五人にもあるし、あるいはさっき言ったような……これはかなり飛躍しますけど、親を少し殺しながら自分たちの哲学を作っていく、そこにはある種の一貫した変形があったと言えるかもしれないくらいの作業仮説です。以上です。

藤田　もちろん私も、学派と言う時には問題関心の共有とかそういうものが重要になってくると考えております。しかし、京都学派と言った時にそういうものがあるかというと、簡単には答えられないところがあります。それは、以前にも書きましたけれども、いわゆる京都学派というのは、西田の下に集まった学生たちも含めて、自然発生的に成立した集団でした。そういうところに例えば戸坂潤などもいたわけです。そういう人まで含めての問題関心の共有ということは、もちろん言える部分もあると思いますが、全体としてみたとき、かなり難しい面もあると思います。もちろん全てのメンバーという括りをかけなければ問題関心の共有ということも言えると思います。西田にせよ田辺にせよ九鬼周造もそうだと思いますけど、西洋哲学という枠組みの中で見えないものがあるのではないかという疑問を彼らは強く抱いていたと思います。それぞれの思索には、その思索が持つ独特の枠組みというものがあって、その枠組みの中で見ているかぎり、見えないものがあると思います。そう考えた時に、西洋哲学の枠組みでは見えないものがあるのではないか。例えば西洋の哲学ではアリストテレス以来、存在ということから出発して全てのことを見ていこうとする傾向、ないし問題関心が強くあったと思いますが、そうすることによって隠れてしまうものがあるのではないかという問いが、西田や田辺の中で共有されていたと思います。そういうところから、西田にせよ田辺にせよ、無の問題を考えていったと思います。そういう意味で、何か京都学派独自の性格を指摘するのは可能だと思います。そのように言えば、東京の方にはなかったのかという問いも出てくるかもしれませんが、大まかな言い方をすれば、そういうことが言えると思っています。そういうことと、西田幾多郎が言った「生きて出なければならない」ということとが深く関係していると思います。直接には、自らの哲学する姿勢として西田はそう言ったと思いますが、ただ単に西洋の哲学を受容するだけでなく、一方ではもちろんそれを受容しながら、しかしあくまで自分が置かれている場所において思索をしていかなければならないという意味あいでも言ったのだと私は理解しています。そういう姿勢を京都学派の人たちは強く持っていたのではないでしょうか。

　もう一つの京都学派はどう継承されているのかという点に関してですが、一つの考え方は、例えば竹田篤司さんの『物

語　京都学派』では、下村寅太郎が京都学派の幕を下ろしたという言い方がされています。要するに直接影響を受けた人たちのグループとしてそれを捉えるというのも一つの考え方だと思います。その意味で言えば、おそらく下村さんが幕引き人であったと言えるのかもしれません。しかし、私自身はそうではなくて、先ほども申し上げたように、西田や田辺の問題意識を受け継いで、ただそれを反復するのではなくて独自の仕方で発展させていくという営みをも京都学派の中に位置づけるのは十分に可能だし、そのことの方がより生産的な将来への展望を持つことができるのではないかと思っています。具体的な例を挙げるとすれば、上田閑照先生がやっておられるお仕事というのは、西田や田辺、さらには西谷らの思索を踏まえつつ、そこで止まるのではなく発展させていくような営みとして位置づけることができるのではないかと考えています。

上原　京都学派の定義はとにかく非常に難しくて、ずっと明確になされないまま来ていると思います。私など、この京都大学で授業の折に、定義はよく分かりませんでは済まないので、一応、哲学事典や参考文献の定義の仕方を借りたりしています。先程、朝倉先生からのご質問にお答えしましたが、京都学派は終わっていると申し上げたのは、私の尊敬する氣多雅子先生が、何年か前に京都大学で開催された日本哲学会のシンポジウムで、「京都学派は上田閑照先生で終わりました」と仰ったことの引用です。場合によっては、先ほど藤田先生が仰った、「下村寅太郎が幕引きをした」という竹田篤司先生の定義でも良いのかもしれません。ただ、やはりどこかで一旦区切りをつけておいた方が、私の頭の中では整理しやすいのです。ですから、京都学派の知の遺産といって、遺産をどう将来へもってゆくか。それは決して、終わったからもう京都学派の今後の知は不在だというのではありません。つまり遺産という言い方をしたのは、継承するという意味が付随している、そういう意味をこめて先ほど使ったわけです。ですから批判的に継承してももちろんいいし、肯定的に継承してもいいし、あるいは京都学派から少しだけアイデアをもらって、かなり違うものを作り出していくこともいいのではないかと思うのです。

高坂史朗　豊かな、あるいは示唆に富む質疑をありがとうございました。今の話で締めくくりでもよかったのですが、つい手を挙げてしまいました。私の質問というのは、『哲学雑誌』と、それから『哲学研究』を通して、自己規制というのはあったのかということです。というのは、ひとつは鈴木先生がマルクスの文献はない、見当たらないと。明らかに戦前は自己規制があった。一九三一年というのはヘーゲルが死んでから一〇〇年で、その時にヘーゲルの文献が九十三点ありまして、マルクスも最初は二十点ほどで、その次が三十、四十と増えていく。戦後も増えていきますけれども、『哲学雑誌』『哲学研究』には多分ないだろうと。これは帝国大学であり、あるいはそれぞれの個人が治安維持法に触れる可能性があるからという、そういう規制、それが他のところも、他の観点でも考えられないか。先ほど藤田さんが仏教哲学という、そういう宗教の問題で言うならば、例えば清沢満之が東京になぜ真宗大学を作ったかといったら、仏教から自由になるからだ。そういう観点で言えば、京都の『哲学研究』は護教的、つまり仏教批判したら駄目なのではないかという、そういう気がします。そして『哲学雑誌』のほうは、政治に対して、つまり国家に対してどういうスタンスをとったかということを質問させて下さい。

鈴木　自己規制というのは二つのレベルがあるかと思います。編集委員会という言い方はしていないでしょうが、『雑誌』の側で自主的に禁じるという、つまり広告を規制するようにして規制するというのと、そもそも研究者や哲学者の側が自己規制してそういうのを初めから『哲学雑誌』に載せない、例えば投稿しないとか研究は密かにやるという、二つのレベルがあると思います。そして、推測ですが、後者が多かったのではないでしょうか。国家に関してもこれはもう時期によって違います。つまり、もう明治初期の天下国家を論じられるような時代の話ではなくて、より戦争が近づいた、ないし戦争の最中での話だと思いますけれども、その場合にほとんどそういう論文はないというのは、どういうことなのでしょう。大事なのは、金子武蔵のヘーゲル関係の国家哲学みたいなものは、著作になるのが四十年代です。あれは確か『哲学雑誌』と関係があったと思います。一言で言えば有機体的な国家論と、あの当時の、まさに国家を支えるような、ヘーゲル解釈とをドッキングしたような、金子武蔵先生の解釈が出たのはまさに四十年代前半ですから、それはむしろ、規制も何もなく載っていたり、好まれたというのは事実だと思います。今読んでも結構驚くべき書物だと思いますけれども、そのくらいしかわかりません、すいません。

納富　特に自己規制について、何が起こったかというと、先ほど最初に私が言ったように、色々な雑誌の間における役割分担などがおそらくあったと思います。やはり『思想』はそれなりに重要な役割を持っているし、多分そういうことはもっと自由に発言していた。だから必ずしも東京だからどうだという話ではありません。東京と京都での違いと同時に、それぞれの中で、雑誌や発表の場の違いがあったはずです。『哲学雑誌』は逆に言えばつまらない、「誰々の何々について」という論文ばかり出てきている。それが東京あたりの哲学者の活動の全てであったかどうかというと、そうでもないでしょう。マルクス系もそうですが、右翼系の人たちも別の雑誌でどんどん発表するとか、あるいはもっと一般向けの媒体も混じってしまうとか、色々そういうことがあったと思います。ただ『哲学雑誌』に関して言うと、戦前と戦後のタイトルを見てもあまり変わらず、今も変わらず哲学研究に特化するような状況なので、その点について、どうしてそういう一種の自己規制ないし節度が働いたのかというのは面白い問題です。今のご指摘は色々と興味ふかいところがありますが、宗教との距離という点では、東京は一種自由なところもあります。あまり明治の最初のころばかり持ち出すのも変ですが、井上円了はかなり自由な仏教で、東洋大学を創り、しかもキリスト教の人たちも結構入ってきて論争もします。反対に、先ほど言った『六合雑誌』などを見ていると井上哲次郎も寄稿しています。だから、キリスト教を批判している人だからアウトとかいう図式ではありません。まあ、そういう意味では、東京というところが持っている一種の自由な雰囲気というのはあったのかなと思います。

藤田　自己規制といいますか、それよりは納富さんの言われた役割分担ということの方が、ぴったりするように思います。中井正一でも『世界文化』とか、『土曜日』に発表する文章と、『哲学研究』に発表する論文とはやはり性格が違うと考えていたように思います。ドイツで勃興しつつあるファシズムを直接批判するような、そういう文章を『世界文化』の方には書いていますが、『哲学研究』にそれを発表するという考えは彼にはなかったように思われます。それは自己規制というものとは少し違うのかなと思います。

仏教に対する批判などが『哲学研究』でできたのかという問題ですが、まず西田哲学に対する批判ということを考えてみたいと思います。『哲学研究』では西田に対する批判も盛んになされています。田辺元からのあのような厳しい批判も載りましたし、左右田喜一郎さんの批判も載りました。西田を批判するということは決してタブーではなかったわけです。むしろそれを批判することで自分自身の考えを整理し、発展させていくといったことを西田自身も望んでいたと思います。そういうことを許す場所、それができる場所という相互の理解があったと私自身は考えています。そういうことから言って、例えば禅は仏教ではないとか、大乗仏教は仏教ではないとか、そういうことを主張する論文も——実際には載っていませんが——、十分な論拠をもったものであれば、それを拒むようなことはなかったと私は考えています。

上原　高坂先生のご質問に直接お答えすることにはならないかと思いますが、雑誌の役割分について、今回の準備をしながら少し気になっていたこと、今日、まだ申し上げていなかったことがあります。例えば、『哲学研究』の論文や論説の後の「雑録」、「彙報」というところの情報がかなり面白いのです。それはバックナンバーのリストにも表れてこなくて、一冊一冊見てみないと分からないものです。当時は月刊誌だったからかなり早く回ります。ですから当時の『哲学研究』というのは、情報交換の媒体であった、そういう側面がすごく強いのだということを、改めて思ったのです。創刊号から本の広告や他の情報の量が非常に多いのです。例えば、井上哲次郎の訃報を、お悔やみの言葉や若干の略歴を付けて掲載しているとか、京都大学内の方が亡くなった場合は、立派なお悔やみの号を作ったりしているわけです。素晴らしい経歴をすべて掲載したり、論文の題目を全部掲載したり、そういうことをしているのです。その他、三木清が帰国したので今度茶話会があるから何月何日どこへ来るようにとか。若い人、もっとベテランの先生方、様々な人たちや研究者のための情報の「場」になっていたと思います。また、これは田中美知太郎さんが書かれていたことですが、学生時代、東京の書店で『哲学研究』を読んだ折、京大の講義のプログラムを見て、このような授業があるなら絶対に京大に行きたいと思ったそうです。要するに、当時、京都大学が全国各地の高校生をひきつけ、集めるために、講義や教官名、講義名を雑誌に載せ、若者はそれを見て、京大を志望したのでしょう。『哲学研究』が進学のための情報を提供していた、情報交換誌、情報誌という役割を担っていたのですね。もう一つだけ付け加えます。さまざまな雑誌が一九二〇年代後半から刊行され始めましたが、『唯研』もそうです、『唯物論研究』ですけれども。隣接する分野の色々な雑誌が出てきて、それが京都大学哲学科に送られてきた。今月はこのような雑誌をいただきましたという、お知らせのリストが掲載されている。そのようにして、全国の雑誌同士の交換がなされていたようです。こう考えてみると、一種の自己規制というのでしょうか、ここにはこういう論文を載せよう、こっちではなくてあっちにしようといった雑誌の役割分担を、皆さんが何となく認識していたような気もいたしますが、いかがでしょうか。

嶺秀樹　嶺と申します。いま東大の話であれ、京大の話であれ、アカデミズムの中で、大学が予算を出していて、それで運営されているのが研究雑誌かと思います。私の質問は、そうした雑誌の機能が歴史的に見て、いったいどのように変わっていったのか、それとも変わっていないのかというものです。質問の趣旨をもうすこしくわしく申し上げますと、私が京大で学生、院生をしていた頃の『哲学研究』はかなり教員が介入していまして、そしてそれに誰がどのように関わるのかということは完全に教員が決めていました。ですから自由に投稿して載せてくれるかどうかではなく、そもそも書けと言われたら書くし、言われなかったら書かないというようになっていたかと思います。そういうこともあって、わたしが院生を卒業するような頃には、院生自身が発表の機会を設けるために、自分たちで同人誌めいた雑誌を作り始めた時代でした。ですから当時の雑誌の機能はおそらく、西田・田辺が自分の研究をダイレクトに発表するというようなものではなかった気がします。そういう意味でも『哲学研究』の機能には時代によって相当大きな変化があったはずです。そこで質問ですが、東大の『哲学雑誌』の場合、アカデミズムの中でどういう機能を果たしていたのか、歴史的に変化はあったのか、そして今日の状況の中で、今後どうすればいいのかということをおうかがいしたい。今日では我々が知っているように、岩波の『思想』や理想社の『理想』がありますし、それらは確かに大きな役割を果たしていると思います。そういった商業雑誌との関連で、今大学のアカデミズムにおける哲学雑誌はどういった役割を果たすべきか。若手研究者は今どんどん業績を求められますから、それを増やすためのたんなる機会ということに下手をすればなりかねないですね。大学の雑誌は色々なジレンマを抱えていると思いますが、単なる哲学史研究を超えた哲学を発表する場ということまで考えるなら、やはり大学の雑誌は商業雑誌にはない機能を果たすものとして大きな意味を持つと思います。歴史的な変遷についての質問と共に、今後のアカデミズムの中の雑誌の役割について、先生方がどのようにお考えになっているのか、一つ教えて頂きたければと思います。

鈴木　『哲学雑誌』の場合二つあります。国からお金をもらったということは一回もないか、そこは詳しくは知りませんけれども、会員の雑誌ですので、大学からお金をもらってということではおそらくないと。しかも売っていたわけです、増刷も出て。それは今でも同じです。事務局は哲学研究室にありますが、会員、その会員も東京大学に限らないわけですが、会員の自主的な浄財によって営まれているということがまず前提だと思います。

嶺　はじめから現在までですか。

鈴木　ずっとそうかはわからないので、それは調べさせて頂きます。やはりメディアとしての雑誌ということに関しては今日も何回もされて、僕も十分に頭に入っていないところがありますが、基本的にそういうものだと思います。それがまず一点です。ただし今後のことはかなり問題だと思っています。僕もかなり危機感を覚えていて、この話を冒頭に話せばよかったのですが、なぜこのようなことをしたのかというもっと手前のことを考えると、今日本において哲学が転換期にあると僕は思っているわけです。しかもその転換期にあるなかで私と納富さんは転換期の宙ぶらりんの状態だと思うのです。つまり例えば、哲学カフェとか応用哲学とかが表に出てきている時代の中で、哲学史研究というものはある種無用の産物だと言われかねない時期に来ているわけです。ただし今後哲学がどのようなやり方をするのかということについては、正念場だと思っていて、そのために今の時期に調べたり考えたりする必要があるだろうと思っています。それを前提に話しますが、『哲学雑誌』の場合ということですが、当然組織の中にいるので、学生のための場を提供するということは一つ必要だと思っています。僕らの頃には渡邊二郎先生から書きなさいと言われて特集号に書かされました。これはもう命令に近いです。最近はそういうのは無くなって、若手枠というものを設けて、これは査読します。しかし残りは別に特集を組みます。これは六本ほど論文を載せて依頼します。将来ドラスティックに変化があるかもしれませんが、今のところはその二つのバランスをよくしていく。これは結局、我々理事や教員が決めるのですが、魅力的なテーマを作って、雑誌として質の高いもの、他では読めないようなものを、微力ながら出していくしかないなと思っています。それは勿論、例えば、『思想』の特集号とどういう風に張り合うかと考えますよ。我々のところでしか出せない面白いものを出し、それが魅力的であれば、哲学になんらかの力を与えることが出来るかもしれない。今の時代だと紙媒体の雑誌にはそれ以上の力はないけれど、そのくらいはやっておきたいと考えていて、そのために一応僕とか納富さんとかで知恵を絞って毎回特集を組んでいるという次第です。

納富　学会が出している雑誌と一般の商業誌の違いは、時期によって異なると思いますが、一つの視点は学会活動の場合、定例会や発表と連動しているという点です。要するに組織があって、逆に一般誌である『思想』や『理想』は執筆者同士が顔を見ずに論文を出すということになります。他方で、学会というものは今どこも難しい問題を抱えていると思います。つまり、アカデミックな中で学会誌がなくなる学会も出てきますので、学会誌と学会がどういった活動をするのかという問題に直面していると思います。この観点を外して、ただ単にこの雑誌がどのように機能しているのかということは議論しにくいのかなと思います。逆に言えば、会員とは何なのかといった前提も段々崩れてきています。そこのところは十九世紀の終わりに哲学会ができて、そのあと戦後に日本哲学会が出来たという学界の制度設計にも絡むと思います。特集については、新しいトレンドで、今どこもやってるから特集を組むというのではなく、やはり次の時代のためを考える必要があります。例えば何とかの百周年記念という形で特集を組みますが、それをすることによって次の新しい段階を築くということです。『哲学雑誌』も、ヘーゲルとかライプニッツとかの特集を組むことで新しい方向を目指すという意図もあったので、これからもそんなイニシアティブを取れるのかという問題だと思います。

鈴木　一つだけ。『哲学雑誌』には、この手の日本哲学会みたいな組織の学会はなくて、何となく大学に足場がありながらやっている。しかもテーマが決まっていない自由さがあると思います。それはどうしてかというと、加藤さんがいらっしゃるから言いづらいですが、日本哲学会の特集は工夫されているけれどもやっぱり投稿論文、査読論文が中心です。しかも今色々改革しようとしていることも、結局、若手が就職するための一番大事な投稿先になってしまっているわけですよ。これは変わらないです。それを僕らは、出来るだけそのような形にしないで、Selbstdenkenの中で毎日考えていることを載せられるような、中々実現は難しいですけれど、その精神を受け継ぎながら特色ある雑誌をつくりたい。それは商業誌でも難しいでしょうし、それなりに意味はあるのではないかなと思っています。

藤田　『哲学研究』も同じように大学が予算を出しているわけではなく、会員の会費で自発的に運営される学会であり雑誌であるということがまず言えると思います。今は、大学単位の雑誌とか思想家単位の雑誌とか色々な雑誌が沢山出ています。その中で『哲学研究』や『哲学雑誌』が果たすべき役割は何なのかということは非常に鋭く問われていると思います。そういう時にどういう方向を探っていくのかという点に関しては、なかなかよい答えを出すことができません。『古代哲学研究』とか『ヘーゲル哲学研究』とか、ある特定の領域の雑誌とは違った、特色ある雑誌の編成を考えていかなければならないというのはもちろんですが、ただ、創刊期の頃のように月刊であれば、新しい動向に対応したり、ひんぱんに特集を組むとか、いろいろな意味でおもしろい企画を立てることができると思うのですが、今は年一回ですので非常に動きが遅いということは否めません。そういう中でどういう特色が出せるのか、私も編集委員であったときには大いに悩みました。『哲学研究』では、創刊以来、旧哲学科の中に入っていた講座——例えば心理学や社会学なども入っています——の人たちにも委員に加わっていただいて、学問の垣根を超えた編集をするということをやってきましたし、これからもやっていくことになると思います。また先ほども出ましたけれども、いま話題になっているテーマで特集を組むといった形で存在意義を探っていくということになるかと思います。そういう試みをしてはいますが、他の雑誌や紀要などにはない特徴をどういうふうに出していくのか、そのことについては試行錯誤が続くかと思います。

嶺　藤田さん、現在、会員制度で会費を取って運営しているという状況だということは聞いたことがあるのですが、昔から本当にそうでしたか。例えば発刊された当時どこから費用が出ていたのですか。その会員というのは現在であれば京都大学の文学研究科の教員が会員で、どのくらいの範囲まで広がっているかどうか。かつて本当にそうでしたか。少なくとも私が学生だった頃、会員になれと言われたことは一度もないですし、払ったこともないです。

藤田　私と同じころだと思いますが、私は会費払っていましたよ（一同笑い）。

嶺　それは私より一年上ですからほとんど同じころだと思いますが、払えと言われたこともなければ払ったこともない。

藤田　創刊期については私も確実なことを申し上げられませんけれど、おそらく最初の頃から大学の予算によってではなく、会員が出した会費によって運営がなされていたと思います。戦争中は会員が減少して経営が苦しくなったという話は聞いたことがあります。創刊期の頃がどうなっていたのかに関しては確認してみます。

上原　『哲学研究』創刊号の「京都哲学会規則」を見ると、会費は「年貳圓貳拾錢、前後前期ニ分チテ前納スベキモノトス」と明記されています。それから、五五〇記念号の中で、長尾さんという仏教学の方が、予算の危機に陥ったことを書かれています。ですから大学から一定の予算がいつも出ていたわけではないと思います。これは昭和三年頃のようでして、他にも、中井正一が予算面でいい案を出したといった記載もありましたので、かなり早い時期から会費を集めていたのではないかと思います。というのは、ページ数をとても気にしていたので、限られた予算の中で運営していたと考えられるからです。今はご存知の通り、基本的に会費で運営しております。私は会計も担当しましたし、現在は会の代表で、編集の担当者ですので、事情は理解しています。藤田先生は年一回と仰いましたが、実際は、投稿数は不十分ですが年二回頑張って刊行しないといけない状況が続いています。創文社が解散しましたので、二〇一七年の六百一号から、替わって京都大学学術出版会が発行しています。刊行が遅れ気味になると催促が来ます。「書店から問い合わせがきているのですが、いつ出せますか」と言われ、恐縮しながら編集作業をしています。会員が激減しているというのではありませんが、増えているわけでもないので、委員同士は会員を増やしたいと希望しています。増やすための一つの方法は、若い方に入会していただくことでして、そこで私が提案したいのは学割制度です。ただ学割を提案すると、ご退職なさった方の割引はどうするのかという話が出てきて、今、まだ割引制度について具体案はできておりません。今のところ、大学院生やＯＤの論文を積極的に掲載しようというよりも、従来通り、教員である研究者の方の良い論文を掲載するという傾向にあるかと思います。時代が求めるものや学術的な状況の変化に合わせて、『哲学研究』の理念も新しくしていかなければならないという自覚が、運営に携わる会員にはあると感じていますが、まだ明確なものとはなっていない。転換期にあるのだと言えます。変化の一つは、雑誌の電子化です。予定としては今年度中に、『哲学研究』創刊号からの一部の電子化が完了し、リポジトリのフリーアクセスが可能となります。そうすると京都大学の文理双方の分野の紀要と同様に、国内は言うまでもなく、海外からでもフリーアクセスでお読みいただけるようになります。別のことをもう一点。実は、大学の組織と京都哲学会が明確に分かれていない時期もあったようです。西洋史読書会と東洋史研究会についても、同じ事情だったと理解しています。しかし、いずれの会も大学からは独立した学会です。話を戻します。古いナンバーから順に電子化が進みますので、これを機に、今は衰えてしまったこの雑誌のかつてのような学術的勢いが、回復に向かってくれればと、内心、期待しています。できるだけ多くの方にフリーアクセスで電子版を読んでいただけるようにしたいと、私は願っています。これが『哲学研究』復活の第一歩となればいいのですが。さて、他にご質問はありませんでしょうか。

そろそろ終了させていただかなければならない時間になりました。これをもちまして、本日の座談会を終わりにいたします。先生方、オーディエンスの皆さま、ありがとうございました。

＊鈴木泉教授のご発言内容に関する詳細は、以下のURLでご参照頂けます。

http://www.l.u-tokyo.ac.jp/philosophy/seika.html」

Eine kleine Geschichte des Begriffs vom „Empfindnis“

by
Takashi SUGIYAMA
Associate Professor of Aesthetics

Dieser Aufsatz versucht eine Geschichte des Begriffs vom „Empfindnis“ zu sukizzieren. Als ein dessen prominenten Benutzer in der modernen Philosophie gilt Edmund Husserl, der ihn gebrauchte, um eine lokalisierte und doppelte Art der Empfindung zu bezeichnen. Aber Husserl war kein erster, der ihn gebrauchte. Es ist schon in der zweiten Hälfte des 18. Jh. gebraucht. Dieser Begriff war eigentlich im Mitte der 1760er Jahre (bei Thomas Abbt und Moses Mendelssohn) gebildet, um den von den französischen Sensualisten (Claude Adrien Hélvetius, Charles Bonnet, Étienne Bonnot de Condillac usw.) gebrauchten Paarbegriff „sensation – sentiment“ in die deutschsprächige Philosophie einzuführen. Dabei ist „sensation“, der neutrale Akt des Empfindens, in die „Empfindung“ übersetzt, während „sentiment“, die Emotion mit dem positiven oder negativen Werturteil, ins „Empfindnis“. Dieser kam aber nach der 1790er Jahre außer Gebrauch, wie z.B. Immanuel Kant das Geschmacksurteil auf der „Gefühl der Lust und Unlust“ (statt des Empfindnisses) begründete. Diese kleine Begriffsgeschichte bringt die verborgenen Aspekte der Entwicklungsgeschichte der modernen Ästhetik von Alexander Gottlieb Baumgarten bis Kant ans Licht.

THE OUTLINES OF THE MAIN ARTICLES IN THIS ISSUE

Nishida Kitarō and Suzuki Daisetsu, Commemorating the 150th Year since their Birth

by

Masakatsu Fujita
Professor Emeritus
Kyoto University

Nishida Kitarō and Suzuki Daisetsu were born in 1870 in Ishikawa prefecture. They had a close relationship and substantial influences on each other until their death. Daisetsu emphasized in his early writings that Zen was essentially different from philosophy or logic, but he paid in his late works his attention to the relationship between Zen and logic under the influence of Nishida's philosophy. He advanced consequently what is called the 'logic of Soku-hi (logic of is/not)'. He expected that Zen would play a much more prominent role in the world by providing a philosophical foundation to it.

Nishida threw himself by contrast into the philosophical disputations in the West and tackled them with energy, but he tried to comprehend the true constitution of the actual world, on the other hand, by logically polishing the traditional thought in the East also by getting a clue from Daisetsu's 'logic of Soku-hi'.

This expectation of Daisetsu and the challenge of Nishida are not completed. They still remain for us today an expectation and a challenge. We can say that it is our assignment that Daisetsu and Nishida gave us to consider what they mean in our time and how we can perform them.

会　告

一、本会は会員組織とし会員には資格の制限を設けません。入会希望の方は京都市左京区吉田本町京都大学大学院文学研究科内京都哲学会（振替口座〇一〇二〇－一－四〇三九　京都哲学会）宛に年会費六、〇〇〇円をお支払下さい。

一、会員の転居・入退会の事務及び編集事務の一切は京都哲学会宛に御通知下さい。

一、本誌の編集に関する通信・新刊書・寄贈雑誌等は本会宛にお送り下さい。

一、本誌への論文の投稿は、原則として本会会員のみ受付け、掲載の可否については、編集委員会と編集委員会で委嘱した委員（若干名）の査読を経て、編集委員会で決定する。（本会主催の公開講演会の講演原稿の掲載など、編集委員会依頼による論文掲載については、この限りではない。）

京　都　哲　学　会
〒六〇六－八五〇一
京都市左京区吉田本町
京都大学大学院文学研究科内
（〇七五－七五三－二八六九）

令和二年十月二十五日印刷
令和二年十月三十日発行

編集兼発行人　京都大学大学院文学研究科内　京　都　哲　学　会

編集委員　上原麻有子　杉村靖彦　宇佐美文理　松田素二

発売所　京都大学学術出版会
京都市左京区吉田近衛町六九
京都大学吉田南構内（六〇六－八三一五）
電話〇七五－七六一－六一八二

印刷所　株式会社文成印刷

註文規定

一、本誌の御註文はすべて代金送料共（一部、送料二〇〇円）前金にて京都哲学会宛お送り下さい。

ISBN978-4-8140-0294-8

令和二年十月二十五日印刷

ISBN978-4-8140-0294-8 C3310 ¥2500E
定価：本体2,500円（税別）

THE JOURNAL OF PHILOSOPHICAL STUDIES

THE TETSUGAKU KENKYU

NO. 605 October 2020

Published by
THE KYOTO PHILOSOPHICAL SOCIETY
(The Kyoto Tetsugaku-Kai)
Kyoto University
Kyoto, Japan

ISSN 0386－9563

令和三年六月三十日發行

哲學研究

第六百六號

令和三年六月三十日發行

京都大學大學院文學研究科内

京都哲學會

京都哲学会規約

一、本会は広義における哲学の研究とその普及を図ることを目的とする。
二、右の目的のために左の事業を行う。
㈠会誌「哲学研究」を発行する。
㈡毎年公開講演会を開く。
㈢随時研究会を開く。
三、本会の事業を遂行するために委員若干名をおく。委員は委員会の中から互選により代表一名をおく。委員は京都大学大学院文学研究科の旧哲学科系所属教官の有志、および委員会において推薦したものに委嘱する。
四、委員会の中に「哲学研究」の編集委員会をおく。
五、本会は賛助員若干名をおく。賛助員は会員の中から委員会が推薦する。
六、本会は会員組織とし、会員には資格の制限を設けない。学校・図書館・其他の団体は団体の名を以て入会することができる。
七、会員は年会費六、〇〇〇円を納める。
八、会員は会誌の配布を受け会誌に予告する諸種の行事に参加することができる。
九、本会は事務所を京都大学大学院文学研究科内におく。
十、規約の改正は委員会の決定による。

京都哲学会委員